中等职业教育课程改革创新教材
物流服务与管理专业系列教材

物流客户服务

主　编　王淑荣

副主编　刘学颖　李利利

参　编　高　畅　张唱婉　李明玉

　　　　王学文（企业）

机械工业出版社

本书以现代物流客户服务理念为指导，力求用简明易懂的文字阐述客户服务的基本理论、基本方法和基本技能。在理论内容上力求观点新颖、概念清楚、层次分明；在实践指导上，着重培养学生的实际操作能力，提高学生的知识应用能力，提升服务素养，改善沟通技巧，创新客户价值，逐步实现向客户服务岗位职业角色的转换。每个单元后面都配有综合训练（包括知识训练和技能训练），便于学生理解和掌握所学的知识要点，提高分析和解决问题的能力。

本书既可作为中等职业技术学校物流服务与管理专业的教材，也可作为国际商务、电子商务等相关专业的基础教材，还可供物流企业的员工培训和自学使用。

图书在版编目（CIP）数据

物流客户服务/王淑荣主编．—北京：机械工业出版社，2014.8
（2024.1重印）
中等职业教育课程改革创新教材　物流服务与管理专业系列教材
ISBN 978-7-111-47295-7

Ⅰ．①物… Ⅱ．①王… Ⅲ．①物资企业—企业管理—销售管理—中等专业学校—教材　Ⅳ．①F253

中国版本图书馆CIP数据核字（2014）第149183号

机械工业出版社（北京市百万庄大街22号　邮政编码100037）
策划编辑：宋　华　　责任编辑：陈　曦
版式设计：马丽婷　　责任印制：常天培
固安县铭成印刷有限公司印刷
2024年1月第1版第10次印刷
184mm×260mm・12印张・293千字
标准书号：ISBN 978-7-111-47295-7
定价：39.80元

电话服务　　　　　　　　网络服务
客服电话：010-88361066　　机　工　官　网：www.cmpbook.com
　　　　　010-88379833　　机　工　官　博：weibo.com/cmp1952
　　　　　010-68326294　　金　书　网：www.golden-book.com
封底无防伪标均为盗版　　机工教育服务网：www.cmpedu.com

中等职业教育（物流服务与管理专业）课程改革创新教材编审委员会

主　任　李建成（上海现代流通学校）
副主任　朱为刚（天津市物资贸易学校）
　　　　李守斌（河北经济管理学校）
　　　　郑福辉（辽宁省农业经济学校）
　　　　张新颖（北京市商务科技学校）
委　员（排名不分先后）
　　　　张宝起（天津市物资贸易学校）
　　　　张志伟（大连市经济贸易学校）
　　　　王　涛（武汉市供销商业学校）
　　　　张　葵（青岛市城阳职教中心）
　　　　王妙娟（浙江公路技师学院）
　　　　茆有柏（华北机电学校）
　　　　章亦华（苏州工业园区工业技术学校）
　　　　石国华（河南省外贸学校）
　　　　陈　年（武汉市财贸学校）
　　　　于　昊（吉林经济贸易学校）
　　　　孙建国（沈阳现代制造服务学校）
　　　　毛宁莉（浙江公路技师学院）
　　　　孙明贺（河北经济管理学校）
　　　　宋　华（机械工业出版社）

前 言

我国物流业的竞争日趋激烈,提高物流客户服务的质量和水准已成为物流企业盲竞争的重要途径。因为我国的物流客户服务起步较晚,客服人员的整体水平不高,所以加强物流客户服务人员知识、能力和素质的培养就更加重要。

教材编写团队通过对多家物流企业的客户服务与管理岗位及相关业务进行深入调研,按照"行动导向"理念,结合我国物流业的现状与实际,以物流企业客户服务部的主要工作任务为载体,根据其工作过程设计教学内容,以培养学生职业行动能力为目标,重在提升学生专业能力、社会交往能力及自主学习的能力。本书由走进物流客户服务、走进物流企业的客服部门、懂得物流客户服务的基本礼仪与沟通方法、收集物流客户信息和档案管理、办理客户订单业务与处理客户投诉、认知CRM系统和维护客户关系、学会客户分类和体验大客户服务7个单元构成。每个单元分为若干模块,每个模块由模块描述、模块目标、情景导入、知识储备、能力培养与训练、实训评价、拓展提升组成。单元后配有综合训练。本书语言简练、通俗易懂,具有较强的知识性、实操性,让学生实现"做中学,学中做,教学做合一",突出理论和实践的结合,完成了物流客户服务类教材由学科知识体系到工作体系的转变。

本书建议72学时,具体学时分配如下:

	课 程 内 容	学时/时
第一单元	走进物流客户服务	10
第二单元	走进物流企业的客服部门	12
第三单元	懂得物流客户服务的基本礼仪与沟通方法	8
第四单元	收集物流客户信息和档案管理	10
第五单元	办理客户订单业务与处理客户投诉	14
第六单元	认知CRM系统和维护客户关系	10
第七单元	学会客户分类和体验大客户服务	8
	总 计	72

本书由王淑荣任主编,刘学颖、李利利任副主编,参加编写的人员有高畅、张唱婉、李明玉、王学文(企业)等。

本书在编写过程中,参考了大量的文献资料,引用了诸多专家学者的研究成果,得到了机械工业出版社编辑的信任和支持,在此表示诚挚的谢意。

由于编者水平有限,书中难免存在不足之处,希望各位读者专家批评指正。

为了方便教学,凡选用本书作为教材的教师,均可登录机械工业出版社教材服务网(http://www.cmpedu.com)免费下载电子资源包,也可加入中职物流专业交流群(QQ群号:170211876)交流教学经验,分享教学资源。

编 者

目 录

前言

第一单元　走进物流客户服务 ... 1
- 模块一　认识物流客户 ... 2
- 模块二　理解物流客户的需求 ... 8

第二单元　走进物流企业的客服部门 ... 17
- 模块一　走进物流企业 ... 18
- 模块二　体验物流企业客户服务岗位 ... 27
- 模块三　熟悉物流企业客户服务人员的工作规范和工作标准 ... 32
- 模块四　了解物流企业客户服务人员的职业要求 ... 37
- 综合训练 ... 43

第三单元　懂得物流客户服务的基本礼仪与沟通方法 ... 47
- 模块一　掌握客户服务的基本礼仪 ... 48
- 模块二　学会客户服务的沟通方法 ... 68
- 综合训练 ... 76

第四单元　收集物流客户信息和档案管理 ... 81
- 模块一　寻找客户与建立客户数据库 ... 82
- 模块二　尝试管理物流客户档案 ... 95
- 模块三　分析物流客户数据 ... 101
- 综合训练 ... 108

第五单元　办理客户订单业务与处理客户投诉 ... 111
- 模块一　处理电子订单业务 ... 112
- 模块二　办理订单查询业务 ... 120
- 模块三　受理物流客户投诉 ... 125
- 模块四　处理物流服务事故 ... 135
- 综合训练 ... 141

物流客户服务

第六单元　认知CRM系统和维护客户关系 143
　　模块一　探寻客户需求 144
　　模块二　策划物流客户联谊活动 149
　　模块三　认知CRM系统 154
　　综合训练 159

第七单元　学会客户分类和体验大客户服务 163
　　模块一　尝试客户ABC分类 164
　　模块二　熟识大客户服务的内容与流程 169
　　模块三　体验项目管理 175
　　综合训练 181

参考文献 184

单元内容

第一单元 走进物流客户服务
模块一 认识物流客户
模块二 理解物流客户的需求

第一单元 走进物流客户服务

随着物流业的迅速发展，物流企业间的竞争日益加剧，物流企业如何实施客户策略以便在激烈的市场竞争中立于不败之地是物流企业目前最为关注的问题。通过对物流企业客户进行分类和评价，物流企业可以发掘关键客户。

1 物流客户服务

模块一 认识物流客户

模块描述

物流客户服务水平的高低决定了物流企业提供服务的能力和质量的高低。在物流企业的经营过程中应该坚持"以客户为中心"的经营理念,通过不断创新,为物流客户提供越来越多的超值服务,提升物流客户的满意度和对物流企业的信任度。

模块目标

知识目标

1. 理解物流客户的内涵。
2. 掌握物流客户服务的内容。
3. 树立物流客户服务理念。

能力目标

1. 能列举物流客户的三个层次分类。
2. 能说出物流客户服务内容。
3. 能树立正确的客户服务理念。

素质目标

认真细致、团队协作、有序竞争、增强职业认识。

情景导入

随着市场经济的发展和竞争日趋激烈,企业在产品上寻找某种竞争优势越来越困难,而客户是物流企业的重要资产,为物流客户提供周到满意的服务逐渐成为企业竞争的焦点,谁赢得客户,谁就能在市场中立于不败之地。

问题:什么是物流客户呢?

知识储备

物流企业要赢得客户就要了解客户的需求、了解客户的喜好、掌握客户选择产品或服务的标准,熟知不同物流客户对企业发挥的作用,认识物流客户管理对企业的意义,为不同的客户提供他们所希望得到的产品或服务。

一、物流客户概述

1. 客户的概念

客户的概念有外延和内涵之分。客户的外延指市场中广泛存在的,对企业的产品

第一单元　走进物流客户服务

或服务有不同需求的个体或消费群体；客户的内涵是指企业的供应商、分销商以及下属的不同职能部门、分公司、办事处、分支机构等。客户是企业的动力，是企业的利润来源。

总之，在供应链下，个体的客户和组织的客户都统一称为客户，因为无论是个体或组织都是接受企业产品或服务的对象，而且从最终的结果来看，客户的下游还是客户，因此客户是相对于产品或服务提供者而言的，是对所有接受产品或服务的组织和个人的统称。

2. 物流客户

（1）物流客户的定义。物流客户是相对于物流服务提供者而言的，是对所有接受产品或服务的组织和个人的统称。

（2）物流客户的业态形式。社会化的物流服务主要包括：第三方、第四方物流服务公司，运输、海空货运承担物流服务商，仓储公司，装卸公司，港务局，集装箱租赁堆场公司，船公司，货代公司，航空公司，铁路公司等。社会化的物流服务的服务对象是接受服务的客户，几乎遍布国民经济的各个领域。物流客户的业态形式见表1-1。

表1-1　物流客户的业态形式及物流需求

物流客户的业态形式		物流需求
工业生产企业	原材料生产企业	物流需求主要是原材料的供应物流、原材料产品的销售物流。这种物流的主要特点是点对点的物流，物流渠道比较简单，物流量比较大，因此较多采用自营物流，也可选择社会物流服务
	制造企业	物流需求主要是零部件、原材料的配送物流及产成品的销售物流。制造业的物流需求向精细化、高服务水平化发展，是社会化物流需求的主要领域
商业贸易企业	国际商业贸易	物流需求是全方位的，其特殊的需求是长距离海运、大陆桥运输、航空货运和通关物流
	批发企业	物流需求主要集中在大量货物的储运和分销
	零售企业	物流需求集中在对零售业的商品和对消费者的配送。社会化的配送服务是这种需求最有效的服务形式

（3）物流客户的分类。从物流客户的角度来看，物流客户可分为三个层次，见表1-2。

表1-2　物流客户层次分类

客户层次	含　义
一般客户	这类客户主要受价格因素影响，希望从企业那里获得直接好处，获得满意的客户价值。他们是经济型客户，追求实惠，消费具有随意性，这类客户占到所有客户的80%，但给企业带来的利润仅占5%
合适客户	这类客户希望与企业建立一种长期伙伴关系，希望从企业的关系中增加价值，从而获得附加的服务利益和社会利益，是物流企业与客户关系的核心。这类客户占企业客户数的15%，并创造15%左右的利润
关键客户	这类客户除希望从企业那里获得直接利益外，还希望从企业那里获得社会利益，他们更关心商品的质量、价值和服务，是企业稳定的客户，占客户的5%，但企业80%左右的利润来自于他们

物流客户服务

二、物流客户服务

1. 物流客户服务的含义

物流客户服务是指物流企业为促进其产品或服务的销售，发生在客户与物流企业之间的相互活动。

2. 物流客户服务的要素

根据物流服务的过程来看，物流客户服务可以分为交易前要素、交易中要素和交易后要素三个部分，每部分都包含了不同的服务要素，如图1-1所示。

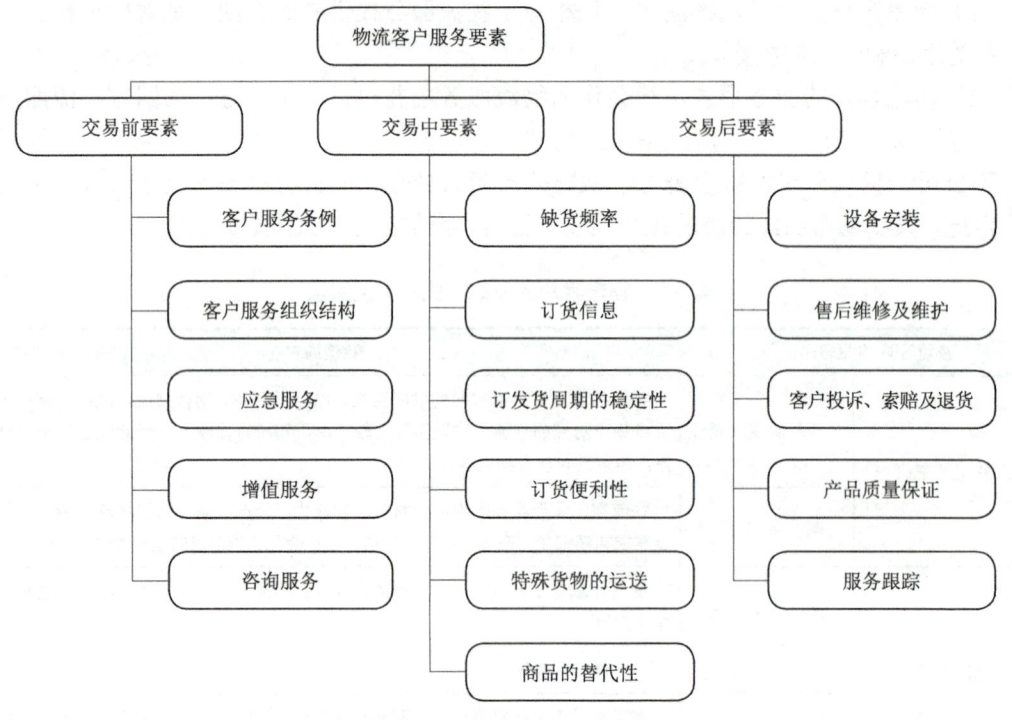

图1-1　物流客户服务要素

（1）交易前要素是指在将产品从供应方向客户实际运送过程前的各种服务要素。如制定和宣传客户服务政策，完善客户服务组织，使之能够按客户的要求提供各种形式的帮助。这部分直接影响客户对企业及其产品或服务的初始印象，优良的交易前要素将为物流企业稳定持续地开展服务活动打下良好基础。

（2）交易中要素是指在将产品从供应方向实际运送过程中的各项服务要素，包括存货水平、订货信息、订货周期、快速装运、运输、系统准确性、订货方便性以及产品替代性等。这些服务与客户有着直接的关系，并且是制定客户服务目标的基础。

（3）交易后要素是指产品销售和运送后，根据客户要求所提供的后续服务的各项要素，如设备安装、产品质量保证、售后维修及维护、零配件供应、产品质量跟踪、处理客户投诉及退货等服务活动。这些服务对提高客户满意度和留住客户非常重要。

第一单元　走进物流客户服务

3. 物流客户服务的内容

（1）基本内容。物流客户服务的基本内容包括运输与配送、保管、装卸搬运、包装、流通加工和物流信息。运输、配送与保管是中心内容，其中运输与配送是物流客户服务中所有动态内容的核心，保管是唯一的静态内容。物流客户服务的装卸搬运、包装、流通加工与物流信息则是物流客户服务的一般内容。

（2）增值服务。增值服务是指根据客户需要，为客户提供的超出常规服务范围的服务，或者采用超出常规的服务方法提供的服务。创新、超出常规、满足客户需要是增值性物流服务的本质特征。

1）增加便利性服务。这是指为了获得某种服务，以前需要客户自己做的一些事情，现在由商品和服务提供商以各方式代替客户做了，从而使客户获得这种服务变得简单，不需要培训。在提供便利性服务的同时，实行一条龙、门到门的"一站式"物流服务，提供完备的操作或作业提示，免培训、免维护、省力化设计和安装、代办业务等。

2）加快反应速度的服务。快速反应已成为物流发展的动力之一，传统的观点和做法将加快反应速度变成单纯对快速运输的一种要求，而现代物流观点则认为有两条途径可以使过程加快：①提高运输基础设施和设备的效率，如修建高速公路、铁路提速、制定新的交通管理办法等；②优化电子商务系统的配送中心、物流中心网络，重新设计适合电子商务的流通渠道，以此来减少物流环节，简化物流过程，提高物流系统的快速反应能力。

3）降低成本的服务。可以降低物流成本的方法包括：①采取第三方物流服务提供商；②企业间联合，采取共同化物流计划；③可以采取适用的物流技术和设备措施或推行物流管理技术。

（3）延伸服务。物流客户服务使得整个物流过程更加完整化、系列化，将整个供应链集成在一起提供服务。向上可以延伸到市场调查、采购等，向下可以延伸到配送、物流咨询、教育和培训等。

三、客户服务理念

1. 树立以客户为中心的服务理念

树立以客户为中心的服务理念，是决定一个企业生存和发展的重要因素。企业首先从客户的记录、客户服务系统、客户数据库等方面了解客户群，还有选择并利用来自客户群、分支机构、战略合作或第三方的数据资料得到更多的客户信息，从而认识客户了解客户，并且让客户知道他们正在受到企业的重视。其次，企业必须制订客户服务宗旨和可行的客户服务计划，并且这些宗旨和计划应该从最高层管理者开始，最终渗透到物流企业的各个部门、各位员工，要为客户清除物流服务的一切障碍。

2. 建立有效的物流客户服务管理制度

客户服务管理制度直接影响和决定着企业的物流管理水平以及企业的服务理念的实

1 物流客户服务

施,因此,企业首先应该建立良好的物流客户服务管理机制。

(1)客户投诉制度。在客户服务过程中,征集客户的投诉和批评有利于物流服务水平的提高。投诉解答是物流服务的重要组成部分。要随时愿意接受客户的投诉和不满,并且能及时作出答复,才能达到心头客户服务的效果。

(2)退货制度。企业是否制定了退货制度,以及退货操作是否漫长和费力,将会企业吸引潜在客户的能力,良好的退货制度应该能够满足客户及时退货的需求。

(3)返款制度。如果想要退款,物流企业应该建立相应的返款制度,通过就近的业务主管批准客户的返款要求,尽快用现金或信用证方式为客户返款。

能力培养与训练

实训活动：认识物流客户

【活动目的】

灵活运用所学知识,解决日常生活工作中存在的问题,锻炼学生分析问题的能力,认识物流客户对企业的重要意义。

【活动组织】

根据学生性格特征与特长分组,5~7人分为一组,推荐一名组长。

【活动步骤】

1. 教师介绍本实训活动的内容、要求及注意事项。
2. 各小组分工合作完成任务。
3. 各小组进行成果展示交流
4. 教师进行评价和总结。

【活动内容】

阅读下列资料,回答问题。

有一家物流公司费了九牛二虎之力才谈成了一笔大生意,临到签订合同这天,恰巧总经理家中有急事,公司临时指派了一位物流客服人员王某顶替参加合同签字仪式。王某听说对方公司总经理姓"zhang",于是在座位牌上写了个"张总"。结果等到签合同时,对方说合同有点小问题,还要审查一下,等以后再择日签订吧。王某感到有点丈二和尚摸不着头脑,事后向总经理汇报。总经理勃然大怒,原来对方公司总经理姓"章"而不是姓"张"。

问题：什么是物流落户？结合案例,谈谈你对物流客户的认识。

【考核要求】

小组成员要相互配合,充分发挥团队精神,对案例进行分析。分析要全面,体现物流客户对企业的意义。

第一单元　走进物流客户服务

实训评价

被考评人			考评地点		
考评内容					
考评指标		考评标准	分值/分	自我评价/分	小组评议/分	实际得分/分
专业知识技能掌握	认识物流企业的客户	理解客户、物流客户的含义，理解物流客户的业态形式及分类	10			
	物流客户服务内容	掌握物流客户服务的含义、要素、内容	10			
	树立客户服务理念	理解以客户为中心的服务理念和建立有效的物流客户服务管理制度	10			
	实训活动情况	能正确列举物流客户的三个层次分类；能正确说出物流客户服务内容；能树立正确的客户服务理念	25			
通用能力培养	出勤	按时到岗，学习准备就绪	10			
	道德自律	自觉遵守纪律，有责任心和荣誉感	10			
	学习态度	积极主动，不怕困难，勇于探索	10			
	团队分工合作	能融入集体，愿意接受任务并积极完成	15			
合　计			100			
考评辅助项目				备　注		
团队之星						
团队互评						

注：1．实际得分=自我评价×40%+小组评议×60%。
　　2．考评满分为100分，59分及以下为不及格；60～74分为及格；75～84分为良好；85分及以上为优秀。
　　3．"团队之星"可以是本次实训活动中突出贡献者，也可以是进步最大者，还可以是其他某一方面表现突出者。
　　4．"团队互评"是由评审团讨论后为各组给予的最终评价。评审团由各组组长组成。当各组完成实训活动后，各组组长先组织本组内部进行商议，然后各组组长将意见带至评审团，评价各组整体工作情况，将各组互评分数填入其中。

拓展提升

物流客户管理

1．物流客户管理的定义

物流客户管理就是物流客户服务人员通过收集和分析物流客户信息，把握客户需求特征和行为偏好，有针对性地为客户提供物流产品或服务，发展和管理物流企业与客户之间的关系，从而培养客户的长期忠诚度，达成双方"共赢"的经营活动的过程。

以上定义主要强调了两个方面。

（1）物流客户管理的起点是客户需求，必须以客户需求来拉动企业增值，建立企业与

1 物流客户服务

客户长期、稳定、发展的合作伙伴关系。

（2）客户价值是物流企业的"利润源泉"，是通过与客户之间的互动、合作和协调产生的，所以强调客户价值最大、最优是物流客户管理的目标。

2．物流客户管理的原则

（1）动态管理。客户是多层次、多类型的，又是变化的。因此，客户档案建立后就应当及时维护和更新。针对客户情况的不断变化，要对客户的资料加以调整，剔除过时的或已经变化了的资料，及时补充新的资料，对客户的变化进行跟踪，使客户管理保持动态性。同时要注意对客户的筛选，留住大客户，维护中小客户，淘汰无利润、无发展潜力的客户。

（2）突出重点。一是要加强对重点物流客户的管理。二是针对不同类型的物流客户建立不同的客户档案。三是对不同类型的客户应采用不同的策略和管理办法。

（3）灵活运用。物流客户资料的收集管理，目的是在经营过程中加以运用。所以，在建立客户资料卡或客户管理卡后，应以灵活的方式及时全面地提供给管理人员及其他有关人员，使他们能进行更详细的分析，使此资料变成活材料，提高客户管理的效率。

3．物流客户管理的创新思想

（1）服务优先。以客户为导向要求企业把资源集中在首选的关键客户上，提供高质量的服务，使客户满意。其基本思想是：企业若要以快于本行业的发展速度来扩大其市场的份额，从长期看，这取决于它能否吸引和拥有相关行业中最成功的最忠实的客户。

（2）增值为本。客户管理创新必须以增值为本，即为客户提供增值服务，从而为自己带来增值。增值服务是指独特的或特别的活动，使客户能提高其效率和效益。例如，汽车运输公司所提供的增值服务会超出其基本的运输服务，结合一些附加的服务项目，以满足特定的客户独特的需求。

（3）关系至上。关系至上的本质特征就是：双向沟通、合作、双赢、控制和服务。客户至上就是从客户定位与客户需求出发，进行不同个体间的网络互动的关系营销和"一对一"的营销。关系至上强调发展、维持与客户的长期稳定关系，重视客户服务，关注与所有利益相关的关系，以提高客户的满意度，培养客户的忠诚度。

模块二　理解物流客户的需求

模块描述

当前大多数企业需要的物流服务都集中在仓储和运输方面，而这种传统而简单的服务却几乎是所有物流公司都能提供的。因此，物流公司的无差异性使这种提供服务的竞争变得空前激烈。

第一单元　走进物流客户服务

模块目标

知识目标

1. 感知物流客户需求。
2. 分析物流客户需求。

能力目标

1. 能够运用所学知识对案例进行分析。
2. 能分析物流客户需求。

素质目标

待人热情、文明礼貌、提高分析问题的能力。

情景导入

国内某发动机生产企业,为保证在激烈竞争中的市场份额,向社会承诺产品零配件72小时内交付客户。为此,该企业在全国建立了10个零配件仓储基地,分区域委托不同的运输企业进行配送。由于信息沟通渠道不畅和分散管理,造成库存量和销售成本增加,该企业也曾经委托物流企业提供零配件物流服务,但由于过分强调运输价格问题,忽略了快速运输与普通运输的成本差距,不但未达到目的,反而严重影响了信誉。

问题:案例中物流客户的需求是什么?应如何解决?

知识储备

物流客户服务主要是围绕着客户所期待的商品、所期望的传递时间以及所期望的质量而展开的,在企业经营中有相当大的作用,企业之间竞争的中心是物流服务的竞争,要想拥有客户,首先要了解物流客户的需求特点,理解物流客户的需求。

一、物流客户需求

1. 物流客户需求的新特点

(1)客户对自身的关注热情持续高涨,个性化消费趋于潮流。个性化消费就是价值化消费,对于企业来讲可大量生产的产品日益减少,客户化的定制产品越来越多,以往靠一个企业、一个产品就能为客户提供满意的服务,现在却需要众多企业的协调一致才能做到。

(2)从卖方市场到买方市场的显著变化使客户有了选择权。过去,在卖方市场情况下,客户的选择范围受到一定的限制;而现在是买方市场,在替代消费品种繁多、技术指标相差甚微、品质趋同的情况下,客户选择范围广泛。

物流客户服务

（3）客户对服务的信息要求是即时性的，对距离的要求是零。过去客户只能被动地听取介绍，企业通过大众媒体进行广告宣传促销与客户交流，企业还需要考虑每个客户的独特需要，只要保持在电视和报刊上经常露就可以树立品牌形象，吸引客户消费。但现在不行了，客户对服务的时间要求是即时的，对距离的要求为零，并且希望交流是实时的。即客户在"新经济"时代要求更具针对性、交互性的有效服务信息传递。

2. 物流客户服务需求分析

（1）物流市场构成情况。物流市场上的需求构成比较复杂，包括各类部门、企事业单位和个人。因此，需求者在物流需求的质量、数量等方面存在较大差异，客观上形成了不同层次、不同类型的物流需求。物流需求属个性化服务需求。例如，需要提供水泥产品物流服务的需求和需要医药产品物流服务的需求，在仓库、运输设备和管理方面完全不同。

物流供给者是物流市场上的卖方，向市场提供物流产品。比如，汽车运输公司、第三方物流企业、货运站等。目前，物流服务提供者竞争比较激烈，在某些地区，有"供大于求"的现象。但是，由于物流服务提供者所提供的物流工具和物流服务存在许多差异性，比如有的提供普通货物运输，有的提供货物仓储服务。因此，随着市场的不断变化，物流供给者也在不断调整、变化自己，以使提供的产品更符合物流市场上的需求，提供更多的有效服务。

（2）客户需求层次分析。日本质量管理专家狩野纪昭根据顾客满意程度和需求把质量分为理所当然质量、期望质量和魅力质量这三个类别。

理所当然质量是指在不满足客户需要时，客户相当不满意，满足客户需要时，客户无所谓满意与否，它是最基本的需求满足。期望质量是指在不满足客户需要时，客户不满意，满足客户需要时，客户就满意。魅力质量是指在不满足客户需要时，客户无所谓，在充分满足客户需要时，客户很满意。魅力质量是质量的最高等级，具有竞争性因素。一般来说，顾客愿意花钱购买具备魅力质量的产品。

专业物流公司为客户提供运输月报表的服务是一种理所当然的质量。运输月报表是客户企业认为理所当然应该提供的，如果物流公司不能提供，客户只会认为其不专业、服务差。这种情况下，物流公司必然会失去这个客户。当然，即使按时提供了报表，客户也觉得是应当的，不会给予更多的肯定。如果专业物流公司能提供搬运和装卸车的服务，那么，这是被客户所期望的。如果没有，客户会很不满。如果能够提供并且做得很好，客户会非常高兴，并为此付出一定的报酬。这种服务质量就是期望质量。另外，如果能做到信息的实时交换，帮助客户减少库存、节约费用，客户一定会非常高兴，并为此买单。物流公司这时提供的就是魅力质量。

（3）客户需求因素分析。站在第三方物流的角度，获得客户企业的青睐仅凭魅力质量是远远不够的，因为客户的需求还有很多。物流解决方案、信息系统和优良的硬件已经成为物流企业赢得客户的必要手段，如果不具备这样的服务功能，客户是不会有兴趣的。但是，即使具备了这样的服务功能，最终能否取得胜利还要看价格。

总体来说，客户对物流企业的需求：增加产品在市场上的反应速度，提高市场占有

第一单元 走进物流客户服务

率，减少资金占用率；使产品在流通环节的总成本降低；及时掌握产品仓储、运输和配送的信息，减少产品生产成本；集中资源提高产品质量和开发新产品等。

二、物流企业的服务项目

第三方物流企业在提供服务时涉及多种业务，其中既有传统的运输、仓储、货代业务等，又有一些结合企业其他资源形成的新的业务种类，包括仓单质押融资、项目物流等。

1. 仓单质押融资

仓单融资又称为"仓单质押融资"，是指申请人将其拥有完全所有权的货物存放在商业银行指定的仓储公司，并以仓储方出具的仓单在银行进行质押，作为融资担保，银行依据质押仓单向申请人提供用于经营与仓单货物同类商品的专项贸易的短期融资业务。

仓单融资实质是一种存货抵押融资方式，通过银行、仓储公司和企业的三方协议，引入专业仓储公司在融资过程中发挥监督保管抵押物，对抵押物进行价值评估、担保等作用，实现以企业存货仓单为抵押的融资方式。

2. 项目物流

项目物流是指以某项特定项目为服务对象而产生的一系列物流活动的总和。如某项工程产生的工程物流，会展上产生的会展物流等。

项目物流具有以下特点。

（1）项目物流以服务项目为目的，项目结束，项目物流也随之结束。

（2）项目物流活动多为一次性活动，重复性较少。

（3）项目物流具有特殊性，经常需要特种车辆及工具方能完成物流活动。

上述是项目物流的三个主要特点，这里需要注意的是项目物流和物流项目的区别，项目物流是物流的一种模式，与物流项目具有很大的差别。

能力培养与训练

实训活动：物流客户需求调查

【活动目的】

调查某物流企业的客户，分析物流客户的需求和特点，判断物流客户对物流企业提供的物流服务是否满意，并提出合理化建议。

【活动组织】

根据学生性格特征与特长分组，5~7人分为一组，推荐一名组长。

【活动步骤】

1. 教师介绍本实训活动的内容、要求及注意事项。
2. 各小组分工合作完成任务。

1 物流客户服务

3. 各小组进行成果展示交流。
4. 教师进行评价和总结。

【活动内容】

利用业余时间，根据具体情况选择有一定代表性的物流企业，对其客户的需求进行调查，了解客户对物流企业提供的物流服务是否满意等，撰写调查报告。

【考核要求】

小组成员要相互配合，充分发挥团队精神，分析物流客户的需求和特点，提出合理的建议。

实训评价

被考评人			考评地点		
考评内容					
考评指标		考评标准	分值/分	自我评价/分	小组评议/分	实际得分/分
专业知识技能掌握	感知物流客户需求	理解物流客户需求的新特点和物流客户服务需求分析	15			
	理解物流企业的服务项目	掌握仓单质押融资和项目物流	15			
	实训活动情况	能够运用所学知识对案例进行分析；能正确分析物流客户需求	25			
通用能力培养	出勤	按时到岗，学习准备就绪	10			
	道德自律	自觉遵守纪律，有责任心和荣誉感	10			
	学习态度	积极主动，不怕困难，勇于探索	10			
	团队分工合作	能融入集体，愿意接受并积极完成任务	15			
合 计			100			
考评辅助项目				备 注		
团队之星						
团队互评						

注：1. 实际得分=自我评价×40%+小组评议×60%。
2. 考评满分为100分，59分及以下为不及格；60～74分为及格；75～84分为良好；85分及以上为优秀。
3. "团队之星"可以是本次实训活动中突出贡献者，也可以是进步最大者，还可以是其他某一方面表现突出者。
4. "团队互评"是由评审团讨论后为各组给予的最终评价。评审团由各组组长组成。当各组完成实训活动后，各组组长先组织本组内部进行商议，然后各组组长将意见带至评审团，评价各组整体工作情况，将各组互评分数填入其中。

第一单元　走进物流客户服务

拓展提升

专业物流公司经营管理

1．为客户提供附加值服务，赢得客户

作为专业的物流公司，要分析客户企业的需求，为客户提供超值服务，为客户创造更大价值。对物流公司来讲，这也是在创造需求。

专业物流公司所提供的服务内容范围广泛，它可以简单到只是帮助客户安排一批货物的运输，也可以复杂到设计、实施和运作一个公司的整个分销和物流系统。专业物流企业与传统运输、仓储企业的最大区别在于传统企业所能提供的仅是单一、脱节的物流要素；而专业物流企业则能够将各个物流要素有机地整合起来，提供系统化、系列化的增值服务。

专业物流企业首先应从提供基础物流服务开始，展示自己有能力将这些服务做得最好，随后再开始提供高附加值的服务。即使基础服务的利润比较低，但只有通过把这些服务做好了，才能说服客户外包更复杂的整合供应链管理。在一开始利润较低的时期，应当避免过度投资，但应具有必要的资产，以确保其对运营的控制和对客户的信誉度。

2．完善自身软硬件建设，留住客户

（1）满足客户最低要求。客户选择物流企业的条件和标准一般要求是物流企业具备信息网络、经营网络和运输网络。近几年国内物流企业以20%的速度增长，规模和信誉程度相差很大。因此，客户在选择满意的物流企业时，既要考虑服务质量、规模和专业特长，又要考虑信誉和资质条件。

（2）加强物流信息服务。根据客户的需求加强信息网络建设，通过对产品运输、仓储和配送信息的及时反馈进行研究分析，为客户提供信息服务，增加市场需求反映的速度，降低生产成本，提高市场占有率。

（3）完善物流运输网络。物流运输网络完善的企业更能够吸引客户。物流公司是否拥有自己的储运中心，仓库是否安全而整洁，车队的管理是否有序，是否拥有自己的信息系统，其信息系统是否与客户的系统兼容，是否有健全的管理制度、绩效考核制度和激励制度等。这些都是客户非常看重的因素。

（4）提高员工整体素质。员工素质是决定企业发展速度的关键因素，如物流企业要拥有能够为客户提供物流解决方案的物流人才，只有这样才能满足日益增长的客户物流需求。目前，物流公司高端的物流人才短缺，一线工作人员素质也参差不齐，特别是一线工作人员缺少基本的专业培训，服务态度恶劣，形成制约公司发展的瓶颈。

3．建立双赢战略，与客户共发展

当物流企业进入亏损经营阶段，必然会降低服务水平，造成客户的不满和产品市场占有率的下降。走出恶性循环的办法是：物流企业要利用现代物流的服务理念，以满足客户需求为中心，完善物流服务项目和提高服务质量；落实供应链管理思想，围绕提高客户产品市场占有率主题，与客户建立战略伙伴关系。

1 物流客户服务

综 合 训 练

一、理论部分

（一）名词解释

1. 物流客户
2. 物流客户管理
3. 物流客户服务
4. 项目物流

（二）填空题

1. 物流客户分为三个层次，即_____、_____和_____。
2. 物流客户服务要素包括：_____、_____和_____。
3. 建立有效的物流客户服务管理制度包括：_____、_____和_____。
4. 增值性物流服务的本质特征是_____、_____和_____。
5. 物流客户服务的基本内容包括：_____、_____、_____、_____、_____和_____。

（三）简答题

1. 物流客户的需求有哪些新特点？
2. 物流客户服务的内容有哪些？
3. 阐述物流客户服务理念。
4. 物流客户管理的创新思想有哪些？

（四）案例分析题

UPS的特色物流服务

1907年，美国人吉米·凯西创立了UPS（联合包裹公司）。它现有34万工作人员、2400多个分送中心、16万辆运送车、610架飞机，并提供门到门的收件和送件服务。UPS能在全球快递业中独占鳌头，是与其富有特色的物流服务密切相关的，特色服务如下。

1. **货物快递快捷**

UPS规定：国际快件3个工作日内送达目的地；国内快件保证在翌日上午8点以前送达。在美国国内接到客户电话，要在1h内上门取件，并当场在微型计算机上办理好托运手续。20世纪90年代，UPS又在180个国家，开设了24h服务的"下一航班送达"业务。UPS坚持"快速、可靠"的服务准则，获得了"物有所值的最佳服务"声誉。

第一单元　走进物流客户服务

2. 报关代理和信息服务

UPS投资数亿美元建立起全球网络和技术基础设施，建立"报关代理自动化系统"，UPS的计算机清关为企业节省了时间，提高了效益。

3. 货物即时追踪服务

UPS的即时追踪系统是目前世界上快递业中最大、最先进的信息追踪系统，实行"一物一码"追踪。非互联网用户可以用电话咨询"客户服务中心"。

4. 先进的包裹管理服务

UPS建立的亚特兰大"信息数据中心"汇总世界各地的包裹资料。通过"传递信息读取装置"摄取客户签字，再把签名输送到"信息数据中心"，实现无纸化操作，提高UPS服务的可靠性。

5. 包装检验与设计服务

UPS设在芝加哥的"服务中心"数据库中，抗震的、抗挤压的、防泄漏的各种包装案例应有尽有。服务中心的包装方式为企业节省了材料费和运输费，被誉为"超值服务"。

问题：
1. UPS在货物运送方面制定了怎样的时间标准？这样的标准对UPS来说能否实现？
2. UPS为顾客提供了哪些增值服务？它如何通过有特色的物流服务使顾客受益？

二、技能训练

【活动目的】

能分析物流客户对企业的意义；能领悟物流客户服务的内涵与特征；能理解物流客户服务的工作内容。

【活动组织】

根据学生性格特征与特长分组，5~7人分为一组，每组推荐一名组长。

【活动步骤】

1. 教师介绍本实训活动的内容、要求及注意事项。
2. 阅读情景资料，各小组完成任务。
3. 各小组将成果进行展示交流。
4. 教师进行评价和总结。

【实训内容】

实地参与，担任某连锁企业的配送经理助理，陪同客户经理一起寻找第三方配送，多次提出要求，故意刁难物流公司的服务人员，深入领悟物流客户服务的内涵。

【考核要求】

选择具有代表性的企业进行实地参与，通过实战演练，增强学生对物流客户服务工作的认识。

单元内容

第二单元　走进物流企业的客服部门

模块一　走进物流企业
模块二　体验物流企业客户服务岗位
模块三　熟悉物流企业客户服务人员的工作规范和工作标准
模块四　了解物流企业客户服务人员的职业要求

第二单元　走进物流企业的客服部门

由于物流客户服务的日益重要，许多物流企业都设立了一个重要部门，即客户服务部。该部门专门为物流客户提供售前、售中和售后服务，对物流客户服务实施科学管理，对正在营运的物流企业提供各种延续服务。

物流客户服务

模块一　走进物流企业

模块描述

任何一个企业都有自己的按分工协作关系和领导关系结合而成的企业运作体系。这一体系就是通常所说的组织机构，科学合理的组织机构是企业进行正常经营管理，实现企业竞争目标的基础。因此，物流企业也必须建立高效合理的组织机构，建立科学合理的客户管理机构，系统规划客户服务程序，建立高效的服务团队，满足客户服务与管理的需要。

模块目标

知识目标

认识物流企业组织机构的基本原则、划分和典型形式；掌握物流企业的客服部门组织机构的设计原则和形式；理解物流客户服务部门的职能、目标和职责。

能力目标

能合理选择物流企业和客服部门的组织机构形式；能合理确定物流客户服务部门的职能、目标和职责。

素质目标

勇于探索，不怕困难，积极主动，踏实工作，遵守法律法规，增强责任心和荣誉感强，具有团队合作精神。

情景导入

胶东半岛地区某冷库的运营管理模式现状如下：
（1）施行全面的欧式管理，管理模式与国际服务接轨较为容易。
（2）电子温控、视频监视及先进的装卸货设备，保证货物质量及运作效率。
（3）采用先进的仓储管理软件，从货物的进出库、货位选择、摆放等实行最优化的管理。条码的运用保障了货物在冷库货位之间的摆放正确无误。
目前该冷库的主要矛盾表现如下。
（1）组织结构。
1）个别组织部门设置不合理的问题。由于许多新设立的部门定位不清晰，职责范围界定不明显，造成部门内岗位工作目的不清。
2）临时性部门设置，造成部门职能分散、跨部门协调较多。

第二单元 走进物流企业的客服部门

（2）人力资源系统。

1）人力资源管理系统建设不健全，配套的人力资源管理制度缺失。

2）人力资源系统职能分散，缺乏职能之间的协作。主要表现在人力资源规划、考核体系与激励约束机制脱节，无法起到有效激励员工提高个人绩效，从而提高组织绩效的作用。

问题：如何解决该冷库的主要矛盾？

知识储备

组织结构的本质是员工的分工协作体系。物流企业处在不同发展阶段，组织结构不应静态趋同。根据物流企业的不同特点，对组织结构的设计也各不相同。调整并建立符合企业实际情况的组织结构体系，是许多企业面临的实际问题。

一、物流企业的组织结构

物流企业指从事物流活动，独立承担民事责任的经济组织。企业组织机构，是指企业内部组织机构按分工协作关系和领导隶属关系有序结合的总体。它的基本内容包括明确组织机构的部门划分和层次划分，以及各个机构的职责、权限和相互关系，由此形成一个有机整体。

1. 物流企业组织机构的基本原则

（1）精简原则。精简，是指企业经营管理的各类机构的组建应同企业的经营规模和经营的任务相适应，它要求机构设置精简管理层次，压缩管理人员的编制。

（2）统一原则。统一，是指企业的各部门、各环节的组织机构必须是一个有机结合的统一的组织体系。在这个组织体系中的各层次的机构，形成一条职责、权限分明的等级链，不得越级指挥与管理。

（3）自主原则。自主，是指企业等级链上的各部门、环节机构都在各自的职责和权限范围内，独立自主地履行职能，充分发挥各级组织机构的主动性和积极性，提高管理工作效率。

（4）高效原则。组织机构必须讲求科学分工，明确职责，实行责、权、利的统一，以提高管理效率和全员劳动效率。

上述各项原则是现代企业建立和健全管理组织机构应当遵循的基本原则。但是每个企业在具体实践中，要根据本企业的具体情况和特点有所侧重；同时，还要正确处理好相互之间的一些关系，如统一指挥与分级管理、集权与分权、综合管理与专业管理、领导者与被领导者的关系等。

2. 物流企业组织机构的划分

物流企业内部的组织机构，基本上可划分为业务经营部门、职能管理部门和行政事务部门，而各部门的进一步划分则因企业具体情况不同而有所不同。

物流客户服务

（1）业务经营部门。业务经营部门是指直接参加和负责组织物流业务活动的机构。

（2）职能管理机构。职能管理机构是指与经营业务机构的活动有着直接的联系，是专为经营业务活动服务的管理工作的机构。包括计划统计、财务、劳动工资、价格、信息等专门职能管理机构，在专业技术上给予帮助，按经理的委托向经营业务机构布置工作，负责收集、整理经营业务的信息，是各级领导的参谋机构，不直接从事企业的经营活动。

（3）行政事务管理机构。行政事务管理机构是指既不直接从事商品流通经营业务活动，又不直接对经营业务进行指导和监督，而是间接地服务于经营业务和职能管理机构活动的行政事务机构，包括秘书、总务、教育、保卫等机构。它们的主要任务和职责权限是为经营和管理工作提供事务性服务、人事管理、安全保卫和法律咨询等。

3．物流企业的组织机构形式

由于受行业特征、信息化水平、企业规模等因素的影响，物流企业的组织结构各不相同。下面介绍几种典型的物流组织结构。

（1）直线式组织结构。这种组织结构的特点是企业各级行政领导按照直线从上到下进行垂直领导，不另设专业职能机构，对物流活动具有管理权和指挥权。它的优点是结构层次少，权力集中，命令统一，决策和执行迅速，工作效率高；它的缺点是领导需要处理的事物太多，精力受到牵制，不利于提高企业的经营管理水平。它适用于经营规模小经营对象简单的小型物流企业。直线式组织结构，如图2-1所示。

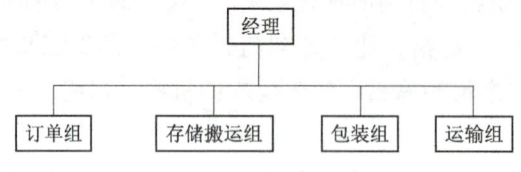

图2-1　直线式组织结构示意图

（2）职能式组织结构。这种组织结构的特点是最高层领导者把专业管理的职责和权限交给相应的职能管理机构，由它们在专业管理活动上直接指挥经营业务机构的活动。它的优点是能够充分发挥职能机构专业管理的作用和专业管理人员的特长，强化了管理工作的专业化分工，保证了管理工作的正确和高效率。缺点是职能组织机构都有指挥权，易形成多头领导，相互协调比较困难。职能式组织结构在实践中没有被多数企业所采用。职能式组织结构，如图2-2所示。

（3）直线职能式组织结构。这种组织结构的特点是各管理层的负责人自上而下进行垂直领导，并设职能机构或职能人员协助负责人工作，大职能机构或人员对下级单位不能下达指示命令，只能在业务上进行指导监督，下级负责人只接收上一级负责人的领导。它的优点是吸取直线式和职能式两种形式之长，舍两者之短，是一种较好的形式，在实践中得

第二单元　走进物流企业的客服部门

到了广泛的运用。我国大中型物流企业大都采用这种形式。直线职能式组织结构，如图2-3所示。

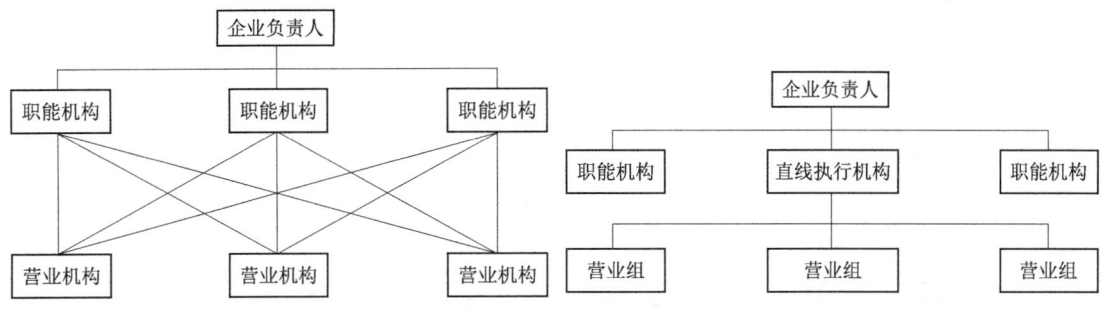

图2-2　职能式组织结构示意图　　　　图2-3　直线职能式组织结构示意图

（4）事业部式组织结构。这种组织结构的特点是企业按产品类别、经营业务或地区设若干个事业部，实行集中决策下的分散经营和分权管理。事业部是实现企业目标的基本经营单位，实行独立经营，独立核算，具体管理经营活动。它的优点是有利于总公司摆脱日常的行政事务，集中精力进行决策；有利于事业部根据市场变化作出相应的经营决策；有利于组织专业化经营，提高效率。它的缺点是由于事业部是一个利益中心，往往只考虑自己的利益，而影响相互协作。它适用于规模大、商品种类多、分布面广的企业。事业部式组织结构，如图2-4所示。

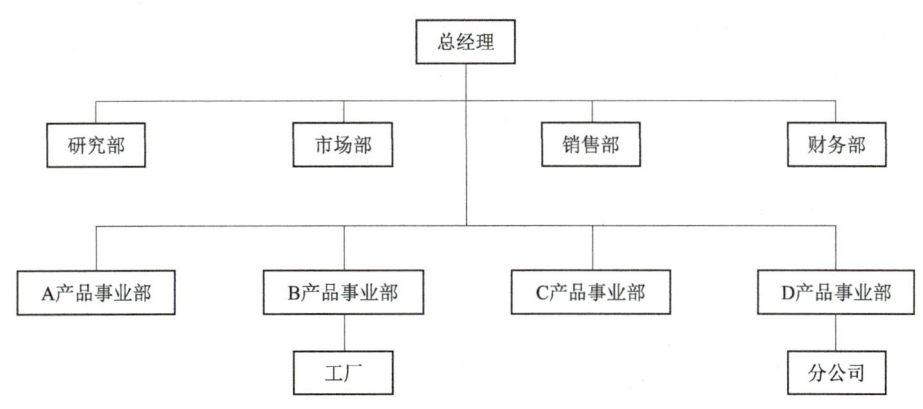

图2-4　事业部式组织结构示意图

（5）矩阵式机构。矩阵式机构又称目标规划管理机构，目标规划包括长远战略目标规划及新产品设计开发等。在这种机构中，一个工作人员同时被列入两个部门，一个是直线职能部门，另一个是目标规划部门。这种机构的特点在于目标明确，在规划中使各部门力量得到协调配合，目标具有灵活性和准确性。这种机构的关键在于处理好直线职能部门与目标规划部门的关系，如处理不好必然影响工作效率，其结构如图2-5所示。

物流客户服务

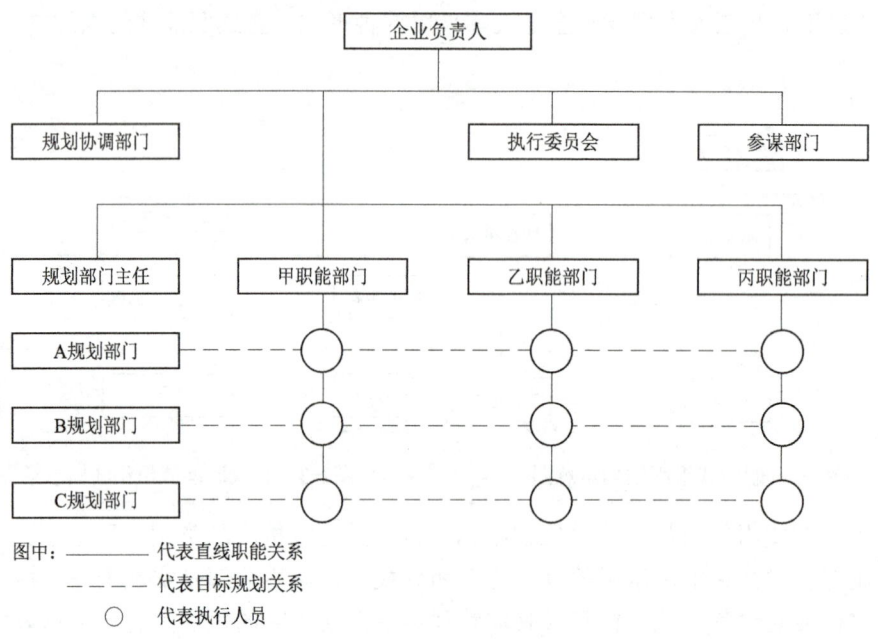

图2-5 矩阵式机构图

4. 物流企业组织机构的典型形式

（1）物流子公司——物流管理组织结构的新形式。这种管理组织形式是把公司或企业的物流管理一部分或全部分离出来，由一个具有法人资格的独立企业实行社会化、专业化经营。物流子公司也称为物流管理公司。

（2）第三方物流企业组织结构形式。根据第三方物流企业的实际业务范围和用户需求可将组织结构设置为如图2-6所示的形式。

1）横向（规模型）组织结构形式，如图2-6所示。

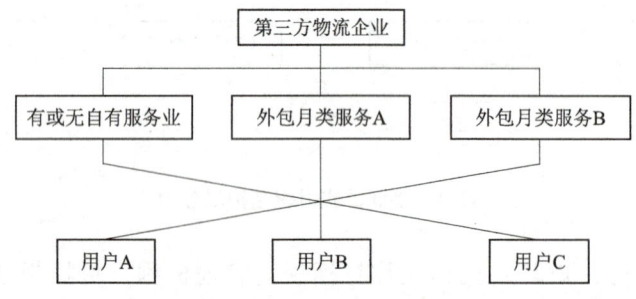

图2-6 第三方物流横向服务模式

2）纵向（功能型）组织结构形式，如图2-7所示。面向企业的物流活动，没有最好的组织形式，不存在最好的结构。物流企业在确定其组织结构时应根据自身的行业特点、管理形式等来确定。

第二单元　走进物流企业的客服部门

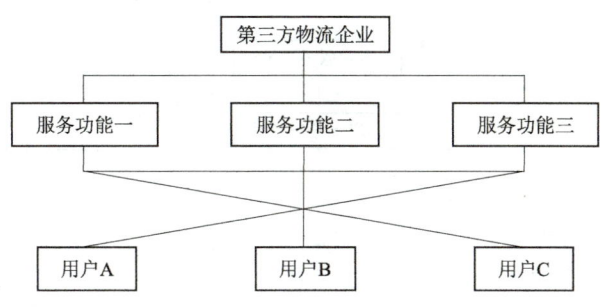

图2-7　第三方物流纵向服务模式

二、物流企业的客服部门

1. 物流企业客服部门组织机构的设计原则

（1）分工协作原则。客户服务部的各岗位之间应是分工协作的，各岗位以客户为中心，分工明确。

（2）统一指挥原则。客户服务部要服从统一指挥的原则，要在本部门的总体发展战略指导下工作。各岗位人员要按照企业的计划，在经理的统一指挥下工作。

（3）合理管理幅度原则。每一个部门、每一位领导人都要有合理的管理幅度。管理幅度太大，无暇顾及；管理幅度太小，可能没有完全发挥作用。所以在组织结构设计的时候，要制订合理恰当的管理幅度。

（4）责权对等原则。设置的部门或单位有责任，就应该使其拥有相应的权力。如果没有对等的权力，根本无法完成相应的职责。所以责和权应该对等。

（5）集权和分权原则。在整个组织结构设计的时候，权力的集中与分散应该适度。集权和分权控制在合适的水平上，既不影响工作效率，又不影响积极性。

（6）执行部门与监督部门分设原则。执行部门和监督部门分设，也就是通常所说的不能既当裁判员又当运动员。

（7）协调有效原则。组织方案的设计应遵循协调有效的原则，避免在岗位设置后出现运营机制效率低下的现象。

2. 客户服务部组织机构形式

（1）大型企业客户服务部组织机构模式，如图2-8所示。其特点如下：

1）适合各种类型的现代企业客户服务管理的需要。

2）体现不同岗位的职能，每个岗位都有主管。

3）客户服务部总经理、经理助理主要负责企业客户服务的总体管理及服务战略、服务设计等工作。

4）具有灵活性和职能管理性的双重特点。

物流客户服务

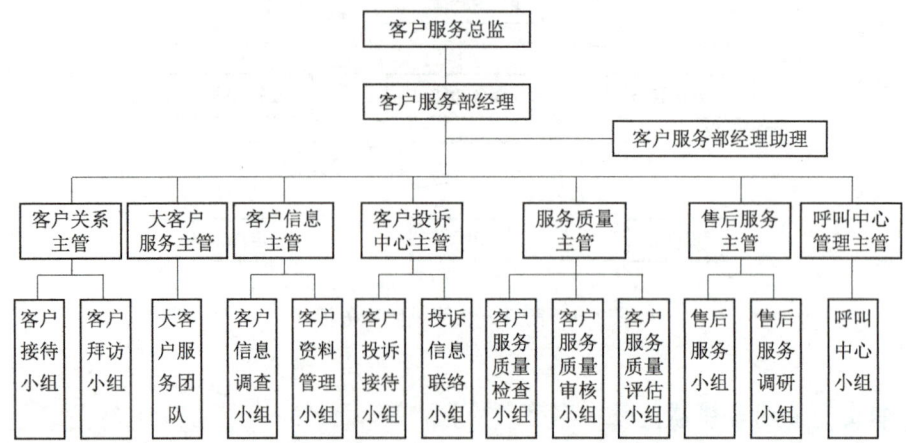

图2-8 大型企业客户服务部组织机构模式

（2）中小型企业客户服务部组织机构模式，如图2-9所示。

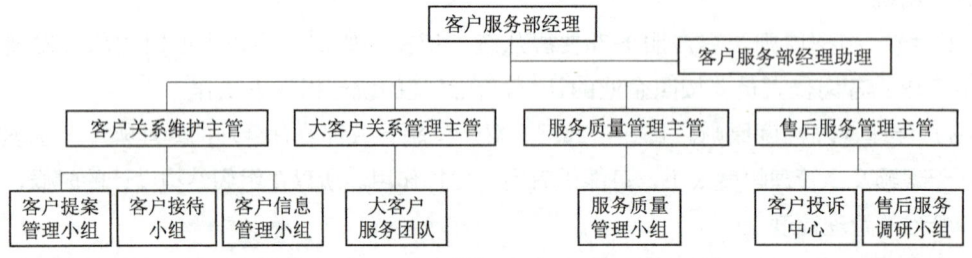

图2-9 中小型企业客户服务部组织机构模式

其特点如下。

1）适合服务人员较少的现代中小型企业管理的需要。
2）有利于加强客户服务管理，提高工作效率。
3）客户服务部经理、经理助理主要负责客户服务事务的总体管理工作。
4）服务范围较广，服务人员数量较少，往往一人身兼数职。
5）具有灵活性和职能管理性的双重特点。
6）功能及职能较为综合。

能力培养与训练

实训活动：选择组织机构形式

【活动目的】

运用所学知识，为深圳某股份有限公司转变为跨区域物流企业后选择合理的、符合跨区域物流企业的组织机构形式。

第二单元　走进物流企业的客服部门

【活动组织】

通过阅读情景材料，每4~5名学生分为一组，推荐一名组长。

【活动步骤】

1. 学生分组：每4~5名学生分为一组。
2. 各组根据情景材料分析案例，对客户进行分类。
3. 各组派代表讲解，教师根据学生表现进行指导、点评。

【活动内容】

阅读下面的情景材料，分析深圳某物流股份有限公司转变为跨区域物流企业后的组织机构形式。

1. 公司概况

深圳某物流股份有限公司的注册资金为人民币1 200万元。

2. 区域性物流服务商的企业组织结构

（1）区域性物流商的经营特点。该公司进入物流业的初期，定位为立足深圳面向珠三角的物流服务商。初期经营特点是：

1）从事传统的第三方物流服务。

2）服务网局限在珠三角范围内。

（2）企业组织结构的状况。

1）企业组织结构。董事会是该公司最高决策机构。在经营管理架构方面，公司内部建立了八个职能部门、四个营业部门。

①物流一部：主要经营配送业务。

②物流二部：国内物流网络建设，国内网络运输。

③物流三部：集装箱运输、堆场业务。

④市内配送中心：市内短途运输、配送。

⑤货运执行部：车辆调度、客户联系、统计资料。

⑥安保部：车辆保险、事故处理。

⑦办公室：人事管理、资料整理、行政事务。

⑧维修技术部：车辆保养、维修、性能优化。

⑨采购部：公司日常用品的采购、车辆配件的采购。

⑩物流信息中心：公司内部网管理、网站建设、资料建设、车辆GPS系统维护、车载IC卡机器维护。

⑪财务部：公司现金存款管理、工资发放、应收统计等。

⑫仓库：公司车辆配件的储备、统计等。

2）企业组织结构的特点。该公司的组织架构属于典型的直线职能型结构。其特点

物流客户服务

如下。

① 实行高度集权的体制，董事长直接兼任总经理，企业内部控制机制也大大简化。

② 高层领导直接管理所有业务。

③ 各部门间有明确的责任分工。

④ 高级和中级管理层之间责权明确。

3. 跨区域物流服务组织结构的规划与调整

2003年开始，该公司开始谋划转型。转型的目标是由区域性物流企业向跨区域物流企业转变。

【考核要求】

选择合理的符合跨区域物流企业的组织机构形式。

实训评价

被考评人			考评地点		
考评内容					
考评指标		考评标准	分值/分	自我评价/分	小组评议/分	实际得分/分
专业知识技能掌握	认识物流企业的组织结构	认识物流企业组织机构的基本原则、划分和典型形式	20			
	熟悉物流企业的客服部门	掌握物流企业客服部门组织机构的设计原则和形式；理解物流客户服务部门的职能、目标和职责	20			
	实训活动情况	能合理选择物流企业和客部门的组织机构形式；能合理确定物流客户服务部门的职能、目标和职责	20			
通用能力培养	出勤	按时到岗，学习准备就绪	10			
	道德自律	自觉遵守纪律，有责任心和荣誉感	10			
	学习态度	积极主动，不怕困难，勇于探索	10			
	团队分工合作	能融入集体，愿意接受任务并积极完成	10			
		合 计	100			
考评辅助项目					备 注	
团队之星						
团队互评						

注：1. 实际得分=自我评价×40%+小组评议×60%。

2. 考评满分为100分，59分及以下为不及格；60~74分为及格；75~84分为良好；85分及以上为优秀。

3. "团队之星"可以是本次实训活动中突出贡献者，也可以是进步最大者，还可以是其他某一方面表现突出者。

4. "团队互评"是由评审团讨论后为各组给予的最终评价。评审团由各组组长组成。当各组完成实训活动后，各组组长先组织本组内部进行商议，然后各组组长将意见带至评审团，评价各组整体工作情况，将各组互评分数填入其中。

拓展提升

组织机构的发展趋势

1. 企业组织结构的演变规律

现代企业十分推崇流程再造、组织重构，以客户的需求和满意度为目标，对企业现有的业务流程进行根本性的再思考和彻底重建，利用先进的制造技术、信息技术以

第二单元 走进物流企业的客服部门

及现代化的管理手段,最大限度地实现技术上的功能集成和管理上的职能集成,以打破传统的职能型组织结构,建立全新的过程型组织结构,从而实现企业经营成本、质量、服务和效率的巨大改善,以更好地适应以顾客、竞争、变化为特征的现代企业经营环境。

2．企业组织结构的发展趋势和新型组织结构形态

企业组织结构发展呈现出新的趋势,其特点是:①重心两极化;②外形扁平化;③运作柔性化;④结构动态化。团队组织、动态联盟、虚拟企业等新型的组织结构形式相继涌现,具体来说,具有这些特点的新型组织结构形态如下。

（1）横向型组织。横向型的组织结构弱化了纵向的层级,打破刻板的部门边界,注重横向的合作与协调。其特点是:①组织结构是围绕工作流程而不是围绕部门职能建立起来的,传统的部门界限被打破;②减少了纵向的组织层级,使组织结构扁平化;③管理者更多的是授权给较低层次的员工,重视运用自我管理的团队形式;④体现顾客和市场导向,围绕顾客和市场的需求,组织工作流程,建立相应的横向联系。

（2）无边界组织。这种组织结构寻求的是削减命令链,成员的等级秩序降到最低点,拥有无限的控制跨度,取消各种职能部门,取而代之的是授权的工作团队。无边界的概念,是指打破企业内部和外部边界;打破企业内部边界,主要是在企业内部形成多功能团队,代替传统上割裂开来的职能部门;打破企业外部边界,则是与外部的供应商、客户包括竞争对手进行战略合作,建立合作联盟。

（3）组织的网络化和虚拟化。无边界组织和虚拟组织是组织网络化和虚拟化的具体形式,组织的虚拟化既可以是虚拟经营,也可以是虚拟的办公空间。

模块二 体验物流企业客户服务岗位

模块描述

客户服务岗位设置合理,职责明确,相互间协调一致,成为有机的整体,才能发挥应有的作用,确保"各司其职、政令畅通、管理有序",赋予岗位职责更加强大的生命力。

模块目标

知识目标

熟悉物流企业的客户服务岗位,理解客户服务各岗位职责。

能力目标

能正确履行客户服务各岗位职责。

物流客户服务

素质目标

重视企业信誉和形象,具有诚信和竞争意识,耐心热情,团结协作。

情景导入

2014年6月,湖州铁公水公司委托星火集装箱公司运输大自然地板公司交运的两批复合地板。然而卸货时发现箱内部分复合地板湿损,损失计人民币100万元。大自然地板公司要求湖州铁公水公司对复合地板湿损负责。

问题:湖州铁公水公司怎么办呢?能向保险公司索赔吗?若索赔金额不足弥补大自然地板公司的损失,又该怎么办?如果你是湖州铁公水公司的客服主管,将如何处理事故呢?

知识储备

物流公司的客服人员要清楚自己的岗位职责,按照公司制定的组织结构及经营状况,协助经营管理部经理做好职责范围内的相关工作。

一、物流企业的客户服务岗位

岗位就是工作位置,岗位要因事设岗,规定适当的工作范围和工作量。

(1)设置岗位结构。每个工作岗位都是由职务、责任、权利、利益构成。

(2)岗位分类。职系、职组、职级、职位等。

物流企业客户服务岗位主要有:客户服务经理、客户关系管理人员、客户服务质量管理人员、客户信息档案管理人员、大客户服务人员、售后服务人员、客户投诉管理人员等。

二、客户服务岗位职责

岗位职责是指一个岗位所需要去完成的工作内容以及应当承担的责任范围。

1. 客户服务中心经理岗位职责

(1)负责制定客户维系原则与客户维系标准,协助拟定标准的客户维系工作流程规范。

(2)负责管理客户维系中心各服务项目的运作。

(3)负责对客户维系中心进行培训、激励、评价和考核。

(4)负责对企业的客户资源进行统计分析与管理。

(5)负责按照分级管理规定定期对所服务的客户进行访问。

(6)负责按客户服务部的有关要求对所服务的客户进行客户关系维护。

(7)负责对客户有关服务质量投诉与意见处理过程的督办和处理结果的反馈。

(8)负责大客户的接待管理工作,维护与大客户长期的沟通和合作关系。

(9)负责协调和维护客户服务部门与企业其他各部门的关系。

(10)负责前厅接待管理。

(11)负责创造企业间高层领导交流的机会。

第二单元　走进物流企业的客服部门

2. 客户关系管理人员的岗位职责

（1）负责维护客户关系，包括拜访客户、客户关系评价和提案管理等。

（2）负责与客户日常交往管理，包括客户拜访工作、客户接待工作等，协助巩固企业与客户的关系。

3. 客户服务质量管理人员的岗位职责

（1）负责客户服务部每日不定时地对服务项目进行检查和监督。

（2）负责服务质量异常反应的调查处理工作。

（3）负责依据每日服务质量记录结果，定期编制《质量异常分析日报表》，并汇总编制后上报主管领导。

（4）负责召集相关人员针对主要发生异常的服务项目、发生原因及措施检查进行讨论。

（5）负责在主管领导经理的指示下，拟定改善措施。

4. 客户信息档案管理人员的岗位职责

（1）负责协助制订客户信息调查计划，明确调查目的、对象以及调查的数量，统一调查方法，做到事前充分模拟，有效完成收集资料的工作。

（2）负责客户信息分析工作，对各种客户调查资料的内容、可信度、使用价值等作出分析判断，得出结果后提交上级有关部门作为决策依据。

（3）负责客户档案管理，对客户资料进行立档，并对客户档案保管使用及档案保密工作提出合理意见。

（4）负责客户信用调查、客户信用度评估，并对客户信用进行分级管理。

5. 大客户服务人员岗位职责

（1）负责安排对大客户的定期回访工作。

（2）负责保证企业与大客户之间信息传递的及时、准确，把握市场脉搏。

（3）负责经常性地征求大客户对客户服务人员的意见，及时调整客户服务人员，保证沟通渠道畅通。

（4）负责根据大客户的不同情况，和每个大客户一起设计服务方案来满足客户的需求。

（5）负责提议对大客户制定适当的服务优惠政策和激励策略。

6. 售后服务人员的岗位职责

（1）负责协助制定、修改和实施相关售后服务标准、计划与政策。

（2）负责协助制定售后服务人员的规范用语、岗位职责、服务流程的制定与培训等工作，不断提高客服人员售后服务水平和工作效率。

（3）负责售后服务资源的统一规划和配置，对售后服务工作进行指导和监督。

（4）负责收集客户意见和建议，整理、分析和收集反馈数据和信息，分别转送相关部门。

（5）负责对企业服务政策的最终解释，加强与客户的沟通，协助裁定和调解售后服务中的纠纷事宜。

物流客户服务

7. 客户投诉管理人员的岗位职责

（1）负责协助制定统一的投诉案件处理程序和方法。

（2）负责对客户投诉案件进行登记、移交和督办并协助检查和审核投诉处理通知。

（3）负责协助各部门对客户投诉的原因进行调查，协助开展对客户投诉案件的分析和处理工作，负责填制投诉统计报表。

（4）负责提交客户投诉调查报告，分发给企业有关部门。

（5）负责协助客户办理退换手续。

（6）负责提交投诉处理中客户反映的意见和跟踪处理结构提交相关部门。

（7）定期向主管领导汇报客户投诉管理工作情况。

（8）负责受理客户投诉，跟踪投诉处理过程，及时回馈客户，并协助作好客户回访工作。

能力培养与训练

实训活动：如何维护物流企业客户

【活动目的】

运用所学物流企业客户服务岗位知识，分析问题，解决问题。

【活动组织】

根据学生性格特征与特长分组，5~7人分为一组。

【活动步骤】

1. 教师介绍本实训活动的内容、要求及注意事项。
2. 各小组根据所学相关知识，解决情景材料中的问题。
3. 各小组展示解决方案。
4. 教师进行评价和总结。

【活动内容】

阅读下面的情景材料，回答问题，并提出解决方案。

某物流公司承接了某大型连锁超市的物流配送业务，临近春节时，该公司为连锁超市各门店配送一大批香烟。在某一家门店，货运人员将一箱一万多元的大中华香烟卸下后，看到门店营业很忙，说了一声货到了，并未对是否搬进门店进行监督，也没有按照配送流程及时完成交接手续，即自行离去。不久门店反应没有收到该箱香烟，连锁超市投诉物流公司未按照合同要求完成配送任务，并索赔。

问题：如果你是客户投诉管理人员，应该怎样处理才能保留住这个物流客户呢？

【考核要求】

提出解决方案合理、可行。

第二单元　走进物流企业的客服部门

实训评价

被考评人			考评地点		
考评内容					
考评指标		考评标准	分值/分	自我评价/分	小组评议/分	实际得分/分
专业知识技能掌握	熟悉物流企业的客户服务岗位	了解物流企业的客户服务岗位	15			
	理解客户服务岗位职责	掌握客户服务管理岗位、客户服务质量管理人员的岗位、客户信息档案管理人员的岗位、大客户服务岗位的职责	15			
	实训活动情况	能正确履行客户服务各岗位职责	25			
通用能力培养	出勤	按时到岗，学习准备就绪	10			
	道德自律	自觉遵守纪律，有责任心和荣誉感	10			
	学习态度	积极主动，不怕困难，勇于探索	10			
	团队分工合作	能融入集体，愿意接受任务并积极完成	15			
合　计			100			
考评辅助项目				备　注		
团队之星						
团队互评						

注：1. 实际得分=自我评价×40%+小组评议×60%。
　　2. 考评满分为100分，59分及以下为不及格；60～74分为及格；75～84分为良好；85分及以上为优秀。
　　3. "团队之星"可以是本次实训活动中突出贡献者，也可以是进步最大者，还可以是其他某一方面表现突出者。
　　4. "团队互评"是由评审团讨论后为各组给予的最终评价。评审团由各组组长组成。当各组完成实训活动后，各组组长先组织本组内部进行商议，然后各组组长将意见带至评审团，评价各组整体工作情况，将各组互评分数填入其中。

拓展提升

岗位职责的构建方法

岗位职责的构建方法包括上行法和下行法。

1．下行法

下行法是一种基于组织战略，并以流程为依托进行工作职责分解的系统方法。具体来说，就是通过战略分解得到职责的具体内容，然后通过流程分析来界定在这些职责中，不同职位应该扮演的角色和拥有的权限。

2．上行法

上行法与下行法在分析思路上正好相反，它是一种自下而上的"归纳法"。具体而言，就是从工作要素出发，通过对基础性的工作活动进行逻辑上的归类，形成工作任务，并进一步根据工作任务的归类，得到职责描述。虽然上行法较下行法来说不是一种特别系统的分解方法，但在实际工作中更为实用、更具操作性。

物流客户服务

模块三　熟悉物流企业客户服务人员的工作规范和工作标准

模块描述

物流企业客户服务人员的工作规范和工作标准不仅为工作方法提供了一个指导，同时也指明了工作方向；物流企业客户服务人员的工作规范和工作标准向客户及员工传达企业的期望，使每位员工清楚地了解企业对于服务的要求和期望；物流企业客户服务人员的工作规范和工作标准是创造价值的衡量工具，是一个有效的员工业绩评价系统的基础。

模块目标

知识目标

掌握物流企业客户主要岗位服务规范和工作标准。

能力目标

1. 理解物流企业客户主要岗位服务规范。
2. 学会分析物流企业客户服务岗位的工作标准。

素质目标

耐心热情、团结协作、踏实认真、严谨细致，遵守法律法规。

情景导入

山东某物流公司是一家专门从事货物运输代理的国际集团公司，该公司作为船运公司与发货企业的桥梁，承担着集货、理货、库存、配送等角色。而在物流公司中与船运公司和发货企业联系最为密切的部门之一是公司的操作部，在操作部中设有操作员岗位，主要职责是在其他岗位订好货物后转给操作员，操作员为客户进行订单货物情况的查询，并不负责排货工作。

一旦在货物发运过程中出现点偏差，发货主就会质问操作部人员，但操作部人员认为自己并不负责排货，这些问题并不是他可以解决和负责的。这样，就使在与客户沟通过程中会发生很多的摩擦，进而使得运营效率降低。在沟通过程中如何通过规范的语言或者规范问题解决措施，为客户提供贴心服务，是该物流公司管理人员所关心和头疼的问题。

问题：该物流公司如何提高物流企业的运营效率及服务质量？

第二单元　走进物流企业的客服部门

知识储备

客户服务人员是公司的窗口。所以，客户服务人员的规范用语和沟通技巧对于公司的业务开发非常重要。制定一套可行统一的规范标准，对于提升企业形象、促进企业业务开发具有重大意义。

一、物流企业客户主要岗位服务规范

1. 保持良好的心态

客服人员务必正确理解客户投诉行为，端正心态，保持积极、乐观心态，耐心倾听、鼓励客户倾诉，将客户的问题当做自身的问题去解决。

2. 保持良好的形象

客服人员要按工作规定着装，服装整洁、无明显的污物。保持仪容仪表端庄大方，修饰文雅，精神饱满。

3. 保持谦和友好的态度

服务人员态度诚恳，礼貌热情，会降低客户的抵触情绪。

4. 业务执行规范

（1）岗位设置要优化、合理，各项工作、各控制环节有专人负责，相关信息记录清晰、准确。

（2）各岗位人员较熟练地掌握各自岗位职责、岗位规范与管理职责，在实际工作中能熟练操作与应用，防止人为失误和出现漏洞。

（3）公开明确本部门责任区域内的相关业务管理流程、前置条件、服务环节、责任人、业务办理时限、投诉解决时限和咨询电话等内容，并制定业务管理流程图，做到公开化，方便客户业务洽谈或业务办理。

5. 客户服务人员语言规范

（1）基本规范。
1）语音：口齿伶俐、发音清晰。
2）语气：态度和蔼、耐心引导。
3）语速：速度适中。
4）语调：轻快。
5）语言要求：礼貌用语；内容准确，简洁明了；体现职业化。
（2）应答规范。
1）接通电话。
①招呼用户，可以说"您好，很高兴为您服务，请问有什么可以帮到您"。

2 物流客户服务

②不能做出肯定答复时，或者需要查询是否在公司服务范围内时，可以用"对不起，请您稍等"或"对不起，您能让我了解一下情况吗"。

③如用户要求在线等待结果，查询结果后继续通话时，请用"很抱歉让您久等了"。

④对于个别客户的失礼言语，要尽量克制忍耐，得理让人，不得与客户争辩顶撞，必要时可请值班班长协助处理。如果客户因自己的失礼言语向你道歉，你应当大方地说："没关系！还有什么其他要求吗？"

⑤电话通话中，对方无应答时，可以说："对不起，我听不到您的声音，你换一部电话打来好吗？我现在挂机。"

2）通话过程。要明确客户的业务需求，接受客户建议，与客户进行确认。

3）结束通话。

①受理完毕，常规应答："谢谢您的来电，再见。"若逢周末或节假日，你可以说："祝您周末愉快/节日快乐，再见。"

②遇客户善意约会时，请用"非常感谢，但实在对不起，我不方便接受，再见"。

③当接到聊天，或受理完业务被对方纠缠时，可以说"对不起，请问您还有其他的业务需要帮助吗？如没有，请您挂机，把线路让给其他的客户，好吗？"

④接到无聊（粗俗）电话时，应礼貌回答，可以用"先生/小姐，请您使用文明语言；否则，很抱歉，我们将结束这次通话"。

3．服务禁语

严禁使用服务忌语，做到"五个不说"。

（1）有损害客户自尊心和人格的话不说。

（2）埋怨客户的话不说。

（3）顶撞、反驳、教训客户的话不说。

（4）庸俗骂人的话及口头禅不说。

（5）刺激客户、激化矛盾的话不说。

二、物流企业客户服务岗位的工作标准

1．物流企业客户服务岗位工作标准的制定原则

（1）明确性。服务标准必须明确、可量化。例如，规定微笑服务中露八颗牙齿；接听电话不能超过三声。

（2）可衡量性。可衡量性指服务标准要用定量表示，如96%的电话都是在铃响第二声接听；所有四环路以内维修服务都需要当天解决。

（3）可行性。建立标准不代表确立目标，它意味着设计一个可能实现的工作过程，并且使之不断地执行下去。

（4）及时性。服务标准应该有明确的时间限制。

（5）吻合性。服务标准要与客户的需求吻合。

第二单元　走进物流企业的客服部门

2. 物流服务的标准化

（1）服务流程标准化。服务流程标准化着眼于整体的服务，采用系统的方法，通过改善整个服务体系内的分工和合作方式，优化整个服务流程，从而提高服务的效率，寻求服务质量的保证。

（2）提供服务标准化。1）服务人员语言标准化。服务人员语言标准，首先应该包括一些基本的礼貌语言标准，包括顾客来了要说"欢迎光临"；客人离店时，讲"祝您愉快"或"欢迎您再次光临"；客人讲"谢谢"时，要答"不用谢"等。

另外，服务人员要将一些专业知识语言以客户追求的利益诉求方式传递给客户，即将产品或服务的属性转化为功能或情感利益，这样可以使客户能够更加明确地把握产品利益。如较高的价格可以转化为"服务有保障"，这些功能利益和情感利益才是客户真正需要的。表现这些利益和情感利益的语言是非常有必要标准化的。

（3）服务人员动作标准化。服务人员与客户的接触过程中，其动作是非常有必要进行规范的，即对服务接触过程中服务人员动作进行标准化。

（4）服务人员态度标准化。服务态度是服务人员对客户的思想情感及其行为举止的综合表现，包括对客户的主动热情程度、敬重和礼貌程度，服务态度是衡量服务质量的一项重要标准和内容。对服务人员态度标准的制定、实施和监督一定要具备统一性、可追溯性和可检验性。

能力培养与训练

实训活动：物流客服人员的职业素养训练

【活动目的】

通过实训活动，学生掌握物流客服人员的工作规范。

【活动组织】

根据学生性格特征与特长分组，三人一组，推荐一名组长。

【活动步骤】

1. 教师介绍本实训活动的内容、要求及注意事项。
2. 各小组分工合作完成任务。
3. 各小组进行成果展示交流。
4. 教师进行评价和总结。

【活动内容】

根据下面的任务完成模拟。学生每三人一组，一人扮演物流公司客户服务人员，一人扮演物流客户，一人作为观察员，指出物流客服人员的优点及不足之处。

（1）顺达物流公司设有运输部、仓储、报关等子公司。大鹰摩托车厂来公司进行业务

物流客户服务

洽谈,请给予接待安排。

(2)东林涂料厂投诉货物未按时装柜,请完成投诉受理业务。

【考核要求】

根据物流客服人员应具备的规范行为进行模拟。

实训评价

被考评人			考评地点		
考评内容					
考评指标		考评标准	分值/分	自我评价/分	小组评议/分	实际得分/分
专业知识技能掌握	理解物流企业客户主要岗位服务规范	掌握办公环境规范、职业道德规范、仪容仪表、行为举止规范、业务执行规范、客户服务人员行为规范	15			
	学会分析物流企业客户服务岗位的工作标准	了解标准制定原则,掌握物流服务标准化	15			
	实训活动情况	以正确行为规范完成业务洽谈、投诉受理业务模拟	25			
通用能力培养	出勤	按时到岗,学习准备就绪	10			
	道德自律	自觉遵守纪律,有责任心和荣誉感	10			
	学习态度	积极主动,不怕困难,勇于探索	10			
	团队分工合作	能融入集体,愿意接受任务并积极完成	15			
合 计			100			
考评辅助项目				备 注		
团队之星						
团队互评						

注:1. 实际得分=自我评价×40%+小组评议×60%。
    2. 考评满分为100分,59分及以下为不及格;60~74分为及格;75~84分为良好;85分及以上为优秀。
    3. "团队之星"可以是本次实训活动中突出贡献者,也可以是进步最大者,还可以是其他某一方面表现突出者。
    4. "团队互评"是由评审团讨论后为各组给予的最终评价。评审团由各组组长组成。当各组完成实训活动后,各组组长先组织本组进行商议,然后各组组长将意见带至评审团,评价各组整体工作情况,将各组互评分数填入表中。

拓展提升

制定物流客户服务标准的作用

制定物流客户服务标准具有如下作用。

1. 向客户及员工传达企业的期望

清晰、简洁、直观、有效的服务标准,可以使每位员工清楚地了解企业对于客户服务的要求和期望。同时,客户服务的标准是给客户看的,这是因为企业一方面能够让客户了

第二单元　走进物流企业的客服部门

解企业对于客户的态度，另一方面使客户能够更清楚地了解企业提供的服务标准。

2．直观地衡量员工创造的价值

客户服务标准也给企业人力资源部门和管理层为员工的业绩打分提供了参考标准。

3．激励物流企业从价格竞争转向服务竞争

高质量高层次的服务可以帮助企业增加客户的忠诚度、开拓新市场、增加新客户。

4．提高物流服务质量

通过物流服务标准的建立，可以使物流企业管理者规范管理制度、统一技术标准和服务岗位工作项目、程序，向物流服务产品的消费者提供统一的、可追溯的和可检验的重复服务，并且降低企业员工培训的人力资源成本。物流企业可以以此来建立自己的品牌优势，在竞争激烈的市场上赢得一席之地。

模块四　了解物流企业客户服务人员的职业要求

模块描述

物流客户服务是一个服务性极强的工作，客服人员的一言一行不仅代表自己，更代表企业的形象，客服人员的言行将直接影响客户对企业的认识，因此要求客服人员必须具备很强的能力和素养。

模块目标

知识目标

1. 掌握物流客服人员应具备的能力和素养。
2. 了解物流客服人员岗位职业生涯发展轨迹。

能力目标

培养学生具备物流客服人员的能力和素养。

素质目标

耐心热情、团结协作、踏实认真、严谨细致、忍耐宽容、积极进取、勇于承担责任。

情景导入

武汉有位女士，其居住在河南的女儿、女婿为尽孝心，委托某货运公司托运了苹果和梨各一箱，该女士在原定的到货时间致电货运公司，答复是货物尚未运到。事隔多天后货运公司通知女士，说水果已经到汉。该女士前往货运站取货，却发现两箱水果残缺不全，一箱苹果只剩下几个，梨也只剩三分之一。多方责问下，经理称："水果在运输保管途中因气候原因变质、腐烂，

物流客户服务

尚好的部分让工人吃掉了,所以只剩下了这么一点。"当该女士问及承运部门是否知道箱内物品的类别,以及不同类型的货物不能混装时,这位经理竟答道:"这个我们不管"。

问题:货运公司希望提高客户数量,但是物流客服人员的素质成为公司发展的瓶颈,公司应如何解决问题呢?

知识储备

客户服务人员应该学习优秀客服人员必备的素质,在工作中不断地去提升自我,自觉地学习客户服务技巧,做好客户服务工作。

一、物流客户服务人员的能力和素养要求

一个好的企业客户服务人员应该是个多面手,要具备良好的心理素质、品格素质、技能素质和综合素质,才能胜任物流客服工作。

1. 心理素质要求

(1)要有"处变不惊"的应变力。客服人员应具备一定的应变力,特别是在处理一些客户恶性投诉的时候,要处变不惊。

(2)要有挫折打击的承受能力。客服人员有可能会被客户误解,会迁怒于客服人员,客服人员需要有承受挫折的能力。

(3)要有情绪的自我掌控及调节能力。客户服务人员需要对每一个客户都保持同样的热情,要有情绪的自我掌控及调节能力。

(4)要有满负荷情感付出的支持能力。每一个客户都要提供最好的服务,不能有保留。对待第一个客户和对待最后一个客户,同样需要付出饱满的热情。

(5)要有积极进取、永不言败的良好心态。客户服务人员在自己的工作岗位上,需要不断地去调整自己的心态,遇到困难、遇到各种挫折都不能轻言放弃,这就需要有一个积极进取、永不言败的良好心态。

2. 品格素质要求

(1)忍耐与宽容是优秀客户服务人员的一种美德。忍耐与宽容是面对无理客户的法宝,是一种美德。客户服务人员需要有包容心,要包容和理解客户。真正的客户服务是根据客户本人的喜好尽量满足客户的需要。

(2)不轻易承诺,说了就要做到。客户服务人员不要轻易地承诺,这样会使自己的工作陷于被动。但是客户服务人员一旦承诺就要兑现自己的诺言。

(3)勇于承担责任。客户服务人员需要经常承担各种各样的责任和失误。客户服务是一个企业的服务窗口,应该去化解整个企业因对客户带来的损失而造成的矛盾。因此,客户服务部门不能说这是别的部门的责任,一切的责任都需要通过你把它化解。

(4)拥有博爱之心,真诚对待每一个人。这个博爱之心是指要达到"人人为我,我为人人"的那种思想境界。

第二单元　走进物流企业的客服部门

（5）谦虚是做好客户服务工作的要素之一。如果客户服务人员不具备谦虚的态度，就会在客户面前炫耀自己的专业知识。这是客户服务中很忌讳的一点。客户服务人员要求有很高的服务技巧和专业知识，但不能在客户面前卖弄。

（6）强烈的集体荣誉感。客户服务强调的是一种团队精神。企业的客户服务人员需要互相帮助，你所做的一切，不是为表现自己，而是为了能把整个企业客户服务工作做好。

3．技能素质要求

（1）良好的语言表达能力。良好的语言表达能力是实现客户沟通的必要技能和技巧。

（2）丰富的行业知识和经验，熟练的专业技能。丰富的行业知识和经验、熟练的专业技能是客户服务人员的必修课。每个企业的客服部门和客户服务人员都需要学习多方面的专业技能。

（3）优雅的形体语言表达技巧。掌握优雅的形体语言表达技巧，能体现出客户服务人员的专业素质。

（4）思维敏捷，时刻洞察客户心理活动。对客户心理活动的洞察力是做好客户服务工作的关键所在。所以，客户服务人员需要具备这方面的能力。要思维敏捷，要时刻洞察顾客的心理活动，这是对客户服务人员技能素质的起码要求。

（5）具备良好的人际关系沟通能力。客户服务人员具备了良好的人际关系沟通能力，会使其与客户之间的交往会变得更顺畅。

（6）具备专业的客户服务电话接听技巧。专业的客户服务电话接听技巧是客户服务人员的另一项重要技能。客户服务人员必须掌握接听客户服务电话、对客户进行提问等方面的技巧。

（7）良好的倾听能力。良好的倾听能力是实现与客户沟通的必要保障。

4．综合素质要求

（1）"客户至上"的服务观念。"客户至上"的服务观念要始终贯穿于客户服务工作中。因此，客户服务人员需要具备客户至上的服务观念。

（2）工作的独立处理能力。优秀的客户服务人员必须具备工作的独立处理能力。一般来说，企业都要求客户服务人员能够独当一面，也就是说，你要能自己去独立处理客户服务中的各种棘手问题。

（3）分析解决问题的能力。优秀的客户服务人员不但需要能做好客户服务工作，还要善于思考，能够提出工作的合理化建议，有分析解决问题的能力，能够帮助客户去分析解决一些实际问题。

（4）人际关系的协调能力。优秀的客户服务人员不但要能做好客户服务工作，还要善于协调同事之间的关系，以达到提高工作效率的目的。

二、物流客户岗位职业生涯发展轨迹

"客户是上帝"，而你的"上帝"将为你的企业在众多竞争对手中赢得最终的胜利。因此，现在中国企业已开始重视"客户"，很多企业都纷纷成立了"客户服务管理中心"，

物流客户服务

客户服务管理人员成为最稀缺的人才之一。原劳动和社会保障部早在2006年12月27日颁布的第十五批国家职业标准,其中包括客户服务管理师。为推动客户服务管理行业的发展,满足社会对客户服务管理技能人才的需要,国家在客户服务管理从业人员中推行职业资格证书制度。

客户服务管理师是在向客户提供产品和服务的交易过程中对客户服务活动实施管理的人员。简单来说,就是对企业不同客户提供售前、售中、售后的服务与管理人员,包括客户代表、客户经理、客户服务主管等职位。

目前,国内企业客户服务人员的职业能力不能完全满足企业经营与发展的需要。很多客户服务人员缺乏系统的理论知识,管理能力有限,管理方式简单、陈旧,现在基本上采用传统的服务方式,比如友情促销、上门维护、重点拜访、征求意见等,这些已不能满足新时期客户的服务期望。国内企业客户服务管理的不完善,无形中给企业带来一定的经济损失。我国经济高速发展,特别是加入世贸组织后,国内外市场竞争激烈,这就对企业客户服务管理人员提出更高的职业能力要求。

能力培养与训练

实训活动:处理货物丢失的训练

【活动目的】

具备物流客服人员处理货物丢失、损坏的能力。

【活动组织】

根据学生性格特征与特长分组,三人分为一组,推荐一名组长。

【活动步骤】

1. 教师介绍本实训活动的内容、要求及注意事项。
2. 各小组分工合作完成任务。
3. 各小组进行成果展示交流。
4. 教师进行评价和总结。

【活动内容】

根据下面的任务,完成模拟实训。

学生三人为一组。一人扮演物流公司客户服务人员,一人扮演物流客户,一人作为观察员。物流客户向客服人员投诉在该公司托运的货物丢失,客服人员需要处理这件事情,观察员需要指出物流客服人员的优点及不足之处。

【考核要求】

模拟实训要真实,学生能认真对待角色扮演。根据模拟实训,学生认知物流客服人员应具备的素质。

第二单元　走进物流企业的客服部门

实训评价

被考评人			考评地点		
考评内容					
考评指标		考评标准	分值/分	自我评价/分	小组评议/分	实际得分/分
专业知识技能掌握	理解物流企业客户服务岗位的能力和素养要求	掌握物流企业客服人员应具备的心理素质、品格素质、技能素质和综合素质	10			
	清楚物流客户岗位职业生涯发展轨迹	了解物流客户岗位职业生涯发展轨迹	20			
	实训活动情况	正确处理货物丢失	25			
通用能力培养	出勤	按时到岗，学习准备就绪	10			
	道德自律	自觉遵守纪律，有责任心和荣誉感	10			
	学习态度	积极主动，不怕困难，勇于探索	10			
	团队分工合作	能融入集体，愿意接受任务并积极完成	15			
合　计			100			
考评辅助项目				备　注		
团队之星						
团队互评						

注：1. 实际得分=自我评价×40%+小组评议×60%。
　　2. 考评满分为100分，59分及以下为不及格；60～74分为及格；75～84分为良好；85分及以上为优秀。
　　3. "团队之星"可以是本次实训活动中突出贡献者，也可以是进步最大者，还可以是其他某一方面表现突出者。
　　4. "团队互评"是由评审团讨论后为各组给予的最终评价。评审团由各组组长组成。当各组完成实训活动后，各组组长先组织本组进行商议，然后各组组长将意见带至评审团，评价各组整体工作情况，将各组互评分数填入表中。

拓展提升

客户服务部

一、客户服务部的目标

1．总体目标

制定客户服务原则与客户服务标准，拟定标准的服务工作流程，协调企业各部门之间的工作，为企业所拥有的客户提供优质服务，维护企业良好的形象和信誉。

2．目标分解

（1）维护并巩固企业与客户的关系，尤其是与大客户的关系，不断提高企业的服务水平。

（2）不断地为企业收集最新、最全的客户信息并对之进行详细分析和加工，增强企业对信息的管理能力。

物流客户服务

（3）运用巧妙的客户投诉处理技巧，消除企业与客户之间的误会，为企业营造最佳的经营环境。

（4）做好服务质量管理工作，提升客户忠诚度，赢得客户的信赖和支持，为销售活动打下良好的基础。

（5）通过建立先进的呼叫中心系统，有效地为客户提供高质量、高效率、全方位的服务，同时也进一步协调企业的内部管理，提高服务工作效率。

（6）积极地配合企业的销售和售后服务管理，为提高客户的满意度和企业的利润起到良好的作用。

二、客户服务部的职能

1．对内职能

（1）负责制定客户服务的原则、标准，协调企业各部门之间的工作，为客户提供优质的服务。

（2）负责新客服人员的业务培训及服务业绩考核等工作。

（3）负责制定各种标准的工作流程，并对客户服务人员进行流程培训，使之熟悉掌握各种工作流程，提高客户服务工作效率。

（4）负责记录客户基本情况、需求、意见、建议的次数与内容，并分类统计。

（5）负责归集业务系统信息，把握业务系统总体情况，不断提高业务的管理水平和工作效率，提高客户满意度。

（6）负责收集其他企业的客户服务部资料，并进行整理、分析、挖掘、学习。

（7）负责为企业的产品、设备提供强有力的售后服务保障。

（8）负责定期向企业有关领导和相关部门通报客户意见或者反馈产品销售情况；为企业制定合理解决方案提供参考信息。

2．对外职能

（1）负责收集和整理企业的新产品或服务使用后的客户反馈信息，为企业相关部门改进新产品或服务质量提供可靠的依据。

（2）负责进行客户信息调查和管理，尤其是客户的使用习惯调查和管理，并对搜集到的客户信息进行整理和归档，建立有用的客户信息库。

（3）负责受理和处理客户投诉，解除企业与客户之间的纠纷，维护企业的信誉和形象。

（4）负责搜集客户的提案建议，并对客户的提案进行审核、评估和实施，为企业未来的发展提供宝贵建议。

（5）对外负责提出且执行企业的售后服务措施，并制定、修改和实施相关售后服务标准、计划与政策，是企业售后服务工作的具体指导和监督部门。

（6）负责设立服务咨询窗口，为客户提供咨询服务，帮助客户发现和解决有关新产品使用等问题，促进企业与客户之间的有效沟通。

（7）负责加强软硬件设施建设，为提供高效优质的服务作保障。

第二单元　走进物流企业的客服部门

综合训练

一、知识部分

（一）填空题

1. 物流企业内部的组织机构，基本上可划分为_____、_____和_____。
2. 物流企业的客服部门组织机构的设计原则是_____、_____、_____、_____、_____。
3. 岗位职责的构建方法包括_____和_____。
4. 物流服务的标准化包括_____、_____、_____、_____和_____。
5. 一个好的企业客户服务人员应该是个多面手，要具备良好的_____、_____、_____和_____，才能胜任物流客服工作。

（二）简答题

1. 物流企业组织机构的基本原则是什么？
2. 简述物流企业组织机构的典型形式。
3. 简述客户服务部组织机构形式。
4. 简述物流企业客户主要岗位服务规范。
5. 简述理解物流企业客户服务岗位的能力和素养要求。

（三）案例分析题

A物流企业成立于2003年3月，是一家专业从事国内货物运输、仓储、配送、托运的中小型运输物流企业。公司的营销策略为"快递的速度，货运的价格"，秉承"安全、准时、快捷、经济"的服务理念，这种对价格营销和物流过程的重视，在一定程度上提高了物流配送服务的质量，并且从以下三个方面影响客户的满意程度。

第一，物流过程通过产品配送提供客户所要求的基本增值服务、时间效用与地点效用。

第二，物流直接影响其他业务满足客户的能力。

第三，配送和其他物流作业经常与客户发生直接联系，影响客户对于产品以及相关服务的感受。

但是这种战略也影响了该公司在相同的成本下进一步提高客户服务水平的能力，这主要体现在以下四个方面。

第一，没有树立正确的物流服务观念。A物流企业只是把物流服务水平的高低看做是一

物流客户服务

种销售竞争手段，对物流服务是物流企业核心竞争力的重要组成因素这一认识没有足够的重视，缺乏整体服务理念和建立稳定的合作关系的意识。仅从自己业务的视角范围内看待自己的服务，而不是从供应链的角度来看待物流服务，因此对所服务的客户企业的上游、下游了解不够，对他们的战略目标、发展需求了解不够。

第二，没有建立适宜的客户服务目标。A物流企业在很大程度上以公司内部导向的和竞争对手导向的目标为依据确定他们的客户服务标准，简单地把往年成绩提高一定百分比来作为他们的实施目标。例如，发货及时率、到货及时率、客户满意度、订单完成率比上年提高1%，破损率比上年降低25%。这种不明确、不细化的客户服务目标，导致A物流企业员工在实际的客户服务过程中缺乏针对性。

第三，缺乏完善的服务质量评价指标。A物流企业也缺乏完善的服务质量评价体系。公司通过对物流服务单据的统计与汇总来进行服务质量评价。每月月底将本月的订单进行汇总，按照订单信息统计出发货及时率、到货及时率、客户满意度、订单完成率以及破损率等数据。在汇总中，对于单据已丢失的服务信息则无法进行统计。

第四，信息化服务能力薄弱。作为一个小规模第三方物流企业，A公司的信息化服务能力很薄弱，体现在以下几个方面：

（1）下单方式单一，只能通过电话或传真进行。

（2）查询方式单一且滞后，客户只能通过电话查询，拨打发货地的电话查询发货时间，拨打收货地的电话查询到货时间。A公司内部没有订单过程跟踪系统。

问题：

针对案例中A公司物流客户服务的现状，物流客服部门应采取哪些措施提高客户服务水平？

二、技能训练

【活动目的】

正确理解物流企业客户服务主要岗位的服务规范、客户服务人员的能力和素养要求。

【活动组织】

根据学生性格特征与特长分组，5~7人分为一组，每组推荐一名组长。

【活动步骤】

1. 教师介绍本实训活动的内容、要求及注意事项。
2. 阅读情景资料，各小组完成任务。
3. 各小组将成果进行展示交流。
4. 教师进行评价和总结。

【活动内容】

1. 给物流公司客户服务部打电话，多次提出要求，故意刁难物流企业的服务人员，深

第二单元　走进物流企业的客服部门

入领悟物流企业客户服务主要岗位的服务规范、客户服务人员的能力和素养。

2. 顺通物流公司客服部接到一老客户打来投诉电话，称近期物流公司仓储部运送来的货物存在毁损问题，该批货物价值总额30万元人民币，商品完好率为70%，缺损价值为9万元，客户要求赔偿，否则就解除合同。

【考核要求】

学生按组进行模拟，一人扮演物流公司客户服务人员，一人扮演物流客户，组内其他人作为观察员，指出物流客服人员在处理客户要求、投诉时表现出来的优点及不足之处。

单元内容

第三单元 懂得物流客户服务的基本礼仪与沟通方法

模块一 掌握客户服务的基本礼仪
模块二 学会客户服务的沟通方法

第三单元 懂得物流客户服务的基本礼仪与沟通方法

  礼仪是无声的语言，礼仪的一个重要功能就是沟通。第一次见面时，顾客往往根据对方的衣着、仪容、谈吐、举止等礼仪形象来判断其素质，并决定是否愿意与其沟通和交往。掌握客户基本礼仪，就意味着能更加有效地沟通。

物流客户服务

模块一　掌握客户服务的基本礼仪

模块描述

中华民族自古以来就被尊为"礼仪之邦"。所谓"礼仪"分开讲：礼者，敬人也，"礼"即是对人的尊重之意；仪者，仪式也，即如何恰到好处地表达出对人的尊重。礼在内，仪在外，没有仪式的礼，就无以负载不成体统，难以规范、效法和传承。从一定意义上讲，礼是做人之根本，仪是形世之方略。

礼仪的作用是我们每个人塑造自我形象的一种能力和艺术，帮助我们变得美丽、优雅，赢得客户的尊重，更易于与之沟通。

模块目标

知识目标

掌握电话礼仪、见面礼仪、介绍礼仪、使用名片礼仪、仪容仪表礼仪、行为举止礼仪及表情礼仪的知识。

能力目标

能够运用电话礼仪、见面礼仪、介绍礼仪、使用名片礼仪、仪容仪表礼仪、行为举止礼仪及表情礼仪。

素质目标

树立良好的组织形象、个人形象意识；具有较好的礼仪素养。

情景导入

张杰是一家物流企业的业务员。一天，他得到消息说某流通企业想找一家物流企业为其提供物流服务。张杰打电话到该企业，遗憾的是，该企业负责人在电话中说他几乎已经决定与另一家物流企业签订合同了，而且已经面谈并讨论了此事。为了挽救这笔生意，张杰打算约见客户。

问题：请你以张杰的身份，打电话约见客户。假设客户同意见面，张杰在与客户见面、自我介绍、名片、仪容仪表、行为举止及表情礼仪等方面应如何做？

知识储备

礼仪是指人们在社会交往中由于受历史传统、风俗习惯、宗教信仰、时代潮流等因素的影响而形成的，既为人们所认同，又为人们所遵守，以建立和谐关系为目的的各种符合礼仪的精神及要求的行为准则或规范的总和。

第三单元　懂得物流客户服务的基本礼仪与沟通方法

一、懂得礼仪

1. 电话礼仪

物流客户服务人员接听拨打电话的沟通技巧是否高明，常常会影响到他能否顺利完成沟通的目标，甚至会直接影响到企业、公司的对外形象。因此，物流客户服务人员应多动脑筋，让对方从声音中感受到你的热情友好。要想给对方留下诚实可信的良好印象，学习和掌握基本的办公室电话礼仪和电话沟通技巧是很有必要的。

（1）打电话礼仪。

1）电话机旁应备记事本和铅笔。在电话机旁放置好记录本、铅笔，当他人打来电话时，就要立刻记录主要事项。

2）通话时间。不要在他人的休息时间打电话。例如，每日上午10点之前，晚上10点之后以及午休的时间；也不要在用餐时间打电话。打公务电话，不要占用他人的私人时间，尤其是节假日时间。

3）通话时间的长度。以短为佳，宁短勿长。一般限定在3分钟之内，尽量不要超过这一限定。

4）通话内容要简明扼要，长话短说，直言主题，力戒讲空话、说废话、无话找话和短话长说。

5）通话语言要文明。通话之初，要向受话方恭恭敬敬地问一声"您好"，然后再言其他。终止通话预备放下话筒时，必须先说一声"再见"。

6）态度友好。讲话时必须抬头挺胸，伸直脊背。态度的好坏都会表现在语言之中。表情也包含在声音中。打电话表情麻木时，其声音也冷冰冰。因此，打电话也应微笑着讲话。

7）注意自己的语速和语调。打电话时，讲话速度并无定论，应视对方情况灵活掌握语速，随机应变。适当地提高声调显得富有朝气、明快清脆。

8）不要使用简略语、专用语。简略语、专用语仅限于行业内使用，普通顾客不一定能理解。

9）养成复述的习惯。为了防止听错电话内容，一定要当场复述。特别是同音不同义的词语及日期、时间、电话号码等数字内容，务必养成听后立刻复述、予以确认的良好习惯。

（2）接电话礼仪。

1）三声之内接起电话。

2）主动问候，报部门介绍自己。

3）如果想知道对方是谁，不要唐突地问"你是谁"，可以说："请问您是哪位？"或者可以礼貌地问："对不起，可以知道如何称呼您吗？"

4）须搁置电话时或让宾客等待时，应给予说明，并致歉。

5）转接电话要迅速。每一位员工都必须学会自行解决电话问题，如果自己解决不了再转接正确的分机上，并要让对方知道电话是转给谁的。

6）对方需要帮助，要尽力而为。

3 物流客户服务

7）感谢对方来电，并礼貌地结束电话。在电话结束时，应用积极的态度，同时要使用对方的名字来感谢对方。

8）要经常称呼对方的名字，这样表示对对方的尊重。

9）当手机出现未接电话时要及时回复短信或者电话，询问是否有要事等。

小知识

电话沟通礼貌用语

情　景	不 当 用 语	礼 貌 用 语
向人问好	喂	您好
自报家门	我是××公司的	这里是××公司
问对方身份	你是谁？	请问您是哪位？
问别人姓名	你叫什么名字？	能告诉我您的姓名吗？
问对方姓氏	你姓什么？	请问您贵姓？
要别人电话	你电话是多少？	能留下您的联系方式吗？
要找某人	给我找一下××	请您帮我找一下××，好吗？谢谢！
问找某人	你找谁啊？	请问您找哪一位？
问有某事	你有什么事？	请问您有什么事吗？
叫别人等待	你等着	请您稍等一会儿
人不在	他不在	不好意思，他在另一处办公，请您直接给他打电话，电话号码是……
他不在	他现在不在这里	对不起，他现在不在这里，如果您有急事，我能否代为转告？
待会儿再打	你待会再打吧	请您过一会儿再来电话，好吗？
结束谈话	你说完了吗？	你还有其他事吗？/你还有其他吩咐吗？
做不到	那样可不行	很抱歉，没有照您希望的办！/不好意思，这个我们可能办不到
不会忘记	我忘不了的	请放心，我一定……
没听清楚	什么？再说一遍！	对不起，这边太吵，请您再说一遍，好吗？

（3）接听和拨打电话的程序。接听和拨打电话可参照以下步骤进行，如图3-1所示。

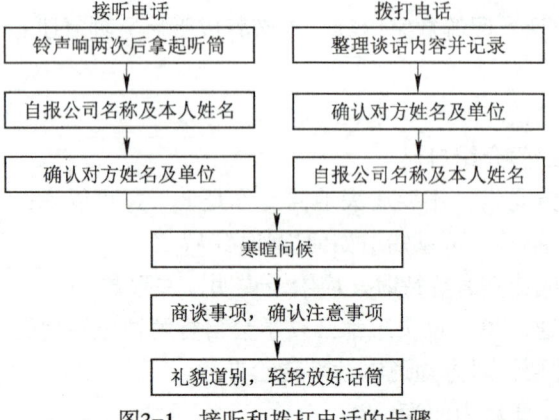

图3-1　接听和拨打电话的步骤

第三单元 懂得物流客户服务的基本礼仪与沟通方法

2. 见面礼节

日常交往中，与新老朋友见面互致问候是最普通的礼节。在我国，日常采用的见面礼节有称呼礼、问候礼、握手礼、鞠躬礼、拱手礼、合十礼、注目礼、名片礼仪等。

（1）称呼礼。称呼是人们在日常交往中彼此之间采用的称谓语。

1）称呼的种类。

①一般性称呼。例如，先生、女士。

②职务性称呼。在职场中彼此进行交往时以职务进行称呼，可以表明身份区别，既得体又可以显示出敬意。例如，部长、主任、局长等。

③职称性称呼。对具有职称，特别是中、高级职称者，可在职场中直接以其职称相称。例如，教授、工程师等。

④职业性称呼。在比较正式的场合，往往习惯于职业性的称呼，这带有尊重对方职业和劳动的意思，同时也暗示了谈话与职业有关。例如，教师、律师、医生、会计。

⑤学衔性称呼。在工作中，对有学衔的，特别是具有较高学衔者，以学衔进行称呼，往往会增加现场的学术气氛，提高被称呼者的学术权威性。例如，方博士。

⑥姓名称呼。这是在职场交往中，对于交往对象直接称呼其姓名的方式。这一般仅限于同事、熟人之间。

⑦仿亲属称呼。例如，"张爷爷""王叔叔""刘阿姨"等。

2）称呼的方法。使用称呼就高不就低。入乡随俗。忌对领导、长辈、客人直呼其名。多人交谈的场合，应遵循先上后下、先长后幼、先女后男、先疏后亲。

（2）问候礼。问候礼是人与人见面时互相问候的一种礼节。它包括初次见面问候、时间性问候、对不同类型客人的问候以及节日问候等。

1）问候的方式。

①语言性问候。与宾客初次相见时应主动说"您好，欢迎光临"；一天中不同时间遇见宾客可分别说"早上好"、"下午好"、"晚上好"；根据工作情况的需要，在用上述问候语同时还可跟上"我能帮您做些什么？"或"需要我帮忙吗？"

②动作性问候。用身体动作向对方进行问候，如点头、鞠躬、微笑、握手、吻礼等。

根据不同的时间、地点、场合使用不同的问候方式。

2）问候的顺序。

①一对一的问候。一对一的问候通常是"位低者先问候"。即身份较低者或年轻者首先问候身份较高者或年长者。

②一对多的问候。如果同时遇到多人，特别在正式会面的时候，既可以笼统地加以问候，如说"大家好"，也可以逐个加以问候。当一个人逐一问候多人时，既可以由尊而卑、由长而幼地依次进行，也可以由近而远依次进行。

3）问候的禁忌。

①开口莫问"还记得我吗"。见面时不可向仅有数面之缘的朋友提问"你还记得我吗？"对方若真的不记得了，彼此都会觉得非常尴尬。得体的方式应该自我介绍说："我是某某，我们曾在××见过面。"

3 物流客户服务

②慎说"代问夫人好"。如果对方已经离婚或者配偶已过世,那么您的好心问候就会让对方很尴尬。因此见面应该笼统问候,比如说"代问家人好"、"最近忙吗"等,再确定下面的话题。

③不要牵涉个人生活、个人禁忌等。

(3)迎送礼。在接待客户的场合中,人们总结了一套礼仪,称为"迎宾送客三部曲",它在绝大多数场合都是比较恰当和贴切的,具体是指迎宾服务、引导服务和送客服务。

1)迎宾服务礼仪。

①五步目迎,三步问候。目迎就是行注目礼。迎宾人员要专注,注意到客人已经过来了,就要转向他,用眼神来表达关注和欢迎。注目礼的距离以五步为宜,在距离三步的时候就要问候"您好,欢迎光临"等。

②15°鞠躬。为了表示对顾客的尊敬,很多服务场所的人员都会向顾客行鞠躬礼。日本式的礼仪对于敬礼和鞠躬要求达到30°。但是,按照一般的惯例行15°的鞠躬即可,这样比较符合中国的国情。

③三分笑。所谓和气生财,服务人员在迎接客人的时候要始终面带恰到好处的微笑,表现出礼貌、亲切、含蓄等。但是,笑脸也不能过头,切忌不合时宜的大笑,否则会让客人感到莫名其妙,从而产生排斥感。

④注目欢喜的眼神。精致化的服务能够贯彻到眼神和表情。眼神呆若木鸡,服务就会显得生硬。服务要整体表达出真情诚意,眼神也要流露对顾客的感情,这样才能令客户感受深刻。眼神的表达要经过系统训练,除了喜、怒、哀、乐这四种基本表情之外,还要表现出体贴、真诚、热忱、关注等感情,努力做到"眼睛会说话"。

2)引导服务礼仪。

①招待入座的服务礼仪。引导入座要注重手势和眼神的配合,同时还要观察客户的反应。例如,指示给客户某个固定的座位,同时用手势引导,在固定的位置处加以停顿,并且观察客户有没有理解。这个过程就体现出肢体语言的美,同时要说"请这边坐"等敬语。

②奉茶时的引导礼仪。奉茶也是有技巧的,需要恰当的引导服务或肢体语言。在很多场合都可能用到,比如客户坐下来洽谈商务的时候顺便请他喝茶。奉茶给客户的时候,一种情形是放在桌上,另一种情形是顾客会顺手接过茶杯,这些过程都需要注意礼仪。奉茶有个"左下右上"的口诀,即右手在上扶住茶杯,左手在下托着杯底。这样,客户在接茶杯的时候也是左下右上,从而避免了两个人之间肌肤接触。这是个细微的礼节,但是重视细节可以避免引起不必要的尴尬。

③送别时的服务礼仪。送客的礼仪同样也很重要。送客的时候有规范的要求,要使用发自内心的敬语,诸如"谢谢您的光临,请走好"。还要用肢体语言表示感谢,鞠躬的角度达到30°以表示衷心感激,然后迅速直起身体来,目送顾客离开。送客人至机场(车站、码头),挥手告别并配以关切牵挂的道别语,待飞机起飞(车船开动)后再离开。

(4)握手礼。握手礼仪起源于西方。握手是人际交往的一个部分。握手的力量、姿势与时间的长短往往能够表达出不同礼遇与态度,显露自己的个性,给人留下不同的印象,也可通过握手了解对方的个性,从而赢得交际的主动。握手是在相见、离别、恭喜、致意

第三单元　懂得物流客户服务的基本礼仪与沟通方法

或致谢时的一种礼节，双方往往是先打招呼，后握手致意。

握手的注意事项如下。

1）使用右手握手。握手时可适当用力紧握对方右手；注视对方，微笑致意或简单问候、寒暄，如果伸出双手去捧接，则更是谦恭备至。

如图3-2所示。

2）握手的顺序。

①两人之间的顺序。男士女士间，女士先伸手；晚辈长辈间，长辈先伸手；上司下属间，上司先伸手；老师学生间，老师先伸手；迎接客人时，主人先伸手；送别客人时，客人先伸手。

②多人之间的顺序。第一个顺序是由尊而卑；第二个顺序是由近而远；圆形场地按顺时针顺序。

3）握手的力度和时间。握手的力度要适中。握手时间可根据双方的亲密程度掌握。初次见面者，握一下即可，一般控制在3秒钟之内，切忌握住异性的手久久不放。

4）握手的禁忌。男士与女士握手不宜时间过长、力度过大。若用指尖握手，即使主动伸手，也会给对方一种十分冷淡的感觉。在多人同时握手时，不可交叉握手。忌用左手与他人握手，除非右手有残疾或太脏了，如果手脏、手凉或者手上有水、汗时，不宜与人握手，并主动向对方说明不握手原因并道歉。

男士勿戴帽子和手套与他人握手。但军人不必脱帽，而应先行军礼，然后再握手。握手时不可把另一只手放在口袋中。在社交场合女士戴薄纱手套或网眼手套可不摘。握手时不可掌心向下握住对方的手，那样会显示出一个人强烈的支配欲，无声地告诉别人他此时处于高人一等的地位，应避免使用这种傲慢无礼的握手方式。

图3-2　握手

（5）鞠躬礼。

1）动作要点。在站的基础上，双腿并拢，双手贴近身体腹前握放或放于体侧。以腰部为轴点，腰、背、颈、头成一条直线身体前倾。见到对方时，及时进行招呼问候和鞠躬致礼。鞠躬时目光自然稍向下移动，礼毕复位后目光回复正视对方。一般鞠躬次数视具体情况而定，一般只要鞠躬一次即可。

2）实际应用。一般情况下，遇到同事、朋友等时行15°鞠躬致礼，如图3-3所示。遇到贵宾、上级、长辈等时行30°鞠躬致礼。超过45°以上的鞠躬则表达深度致谢或致歉。

图3-3　鞠躬礼

(6) 拱手礼。

1) 拱手礼在行礼时，双腿站直，上身直立或微俯，右手半握拳，左手抱住右拳于胸前。在目视对方的同时，相拱的手向着对方的方向轻轻摇动，如要想向对方表示谦恭和尊敬，可以将双手向上抬，直到与额头同高。

2) 在我国，拱手致意通常用于以下场合：①每逢重大节日。例如春节，邻居、朋友、同事见面时，常以拱手为礼，表示祝愿。②为欢庆节日而召开的团拜会上，大家欢聚一堂，互相祝愿，常以拱手致意。③双方告别，互道珍重时可用拱手礼。④有时向对方表示歉意，也可用拱手表示。拱手致意时，往往与寒暄语同时进行，如"恭喜、恭喜""久仰、久仰""请多多关照""节日快乐""后会有期"等，但不用于向长辈的问候。拱手礼忌讳在正式场合或隆重场合使用。

(7) 使用名片的礼节。呈送名片时，应双手奉上。用双手接收名片，之后应先仔细阅读，再将对方的名片放好；如果未带名片，要向对方表示歉意，如图3-4所示。

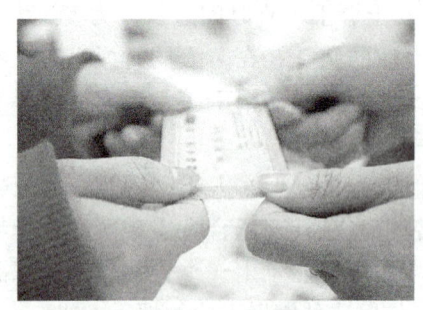

图3-4 呈送和接收名片

3. 介绍礼节

介绍在社会交往中是必不可少的，是人际交往中互相了解的基本方式，正确的介绍可以使不相识人的相互认识，也可以通过落落大方的介绍和自我介绍，显示出良好的交际风度。介绍分为自我介绍和他人介绍。

(1) 自我介绍。当自己想结识某人，没有合适的人或朋友居间介绍时可以作自我介绍。应等对方空闲时再上前介绍自己，不要打扰对方活动而使对方反感自己。

自我介绍的基本程序是：先向对方点头致意，得到回应后再向对方介绍自己的姓名、身份和单位，同时递上准备好的名片。自我介绍时，表情要坦然亲切，注视对方，举止庄重大方，态度镇定而充满信心，表示出渴望认识对方的热情。

(2) 他人介绍。为他人介绍时必须遵守"尊者优先"的规则。在团体会见的情况下，双方在相互介绍本方人员时，应按职务高低的顺序进行，即先介绍职务高的，再按顺序介绍职务低的。

日常会面时，为他人介绍应遵守下列原则。

1) 介绍晚辈和长辈认识的时候，先介绍晚辈，再介绍长辈。

2) 介绍男士和女士认识的时候，先介绍男士，后介绍女士。

3) 介绍来宾与主人认识的时候，应先介绍主人，后介绍来宾。

4) 介绍上级和下级认识的时候，先介绍下级，后介绍上级。

第三单元 懂得物流客户服务的基本礼仪与沟通方法

5）介绍职位、身份高者与职位、身份低者认识的时候，先介绍职位、身份低者，后介绍职位、身份高者。

6）把家人介绍给同事、朋友。

7）把未婚者介绍给已婚者。

8）把后来者介绍给先到者。

9）如果双方年龄、职务相当，则把男士介绍给女士，如图3-5所示。

图3-5 介绍礼仪

4. 仪容仪表

仪表是指人的外表，它包括容貌、姿态、风度以及个人卫生等方面。它体现人的礼貌、教养和品味格调。仪容在某种程度上也是仪表所包括的内容，泛指人的外观、外貌。

（1）头发修饰。要适时梳理，保持头发清洁，不可有头皮屑；发型自然大方，发色不宜夸张；要得体、整齐。

（2）面部修饰。

1）面容。面容应该修饰，保持洁净，给对方留下良好的印象。男士必须净面，不留胡须，面部保持清洁，眼角不可留有分泌物。如戴眼镜，应保持镜片的清洁，保持鼻孔清洁，平视时鼻毛不得露于鼻孔外。女士面部保持清洁，眼角不可留有分泌物，保持鼻孔清洁，化淡妆，以淡雅、清新、自然为宜。

2）口腔。保持口腔清洁，无异味，在出席社交场合前不能吃带有强烈气味的食物，如韭菜、大蒜等。

3）耳部。耳廓、耳后及耳孔边不可留有皮屑，如图3-6所示。

（3）手部修饰。手是人的第二张脸，手部的保养和修饰也很重要。男士双手要清洁健康，不留长指甲；女士双手要清洁健康，不留长指甲；女士可适当涂无色或肤色指甲油，指甲油无脱落现象，如图3-7所示。

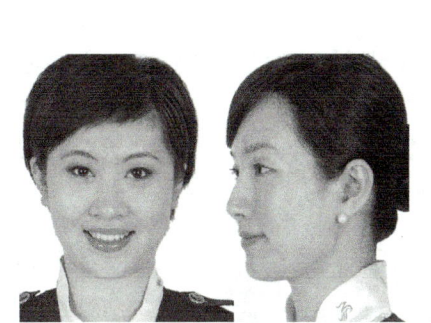

图3-6 耳部清洁

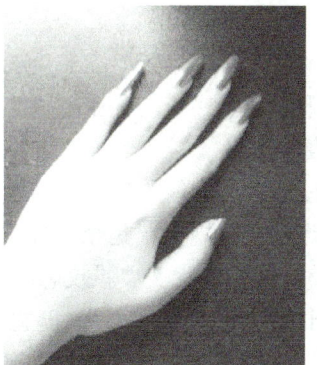

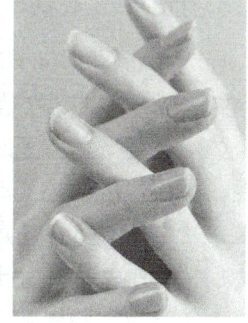

图3-7 手部修饰

（4）体味。保持无体味，不使用香味过浓的香水，以清新淡雅为宜。可以涂抹在动脉分布的地方，注意不要喷在汗腺集中的部位。

仪表与仪容的礼仪关键就是要做到符合"美"的要求，具体要做到美观、清洁、卫

3 物流客户服务

生、得体等。端庄、整洁、美好的仪表，可以使人产生好感，留下深刻而美好的印象。

（5）着装。着装要遵循TOP原则。TOP分别代表时间（Time）、场合（Occasion）、地点（Place），即着装应与当时的时间、所处的环境和地点相协调。

1）男士着装学问。男士西装在款式上应简洁注重质地、剪裁和手工在色彩选择上，以单色为宜。男士着西装时全身的颜色限制在三种颜色之内。鞋子、腰带和公文包这三个地方要是同一个颜色，一般以黑色为主。三大注意事项如下：第一个注意事项是商标必须要拆掉；第二个注意事项是袜子的质地、色彩，正式场合不穿尼龙丝袜，不穿白色的袜子，袜子的颜色要与鞋子的颜色一致或以深色的袜子为佳；第三个注意事项是领带的颜色应与西装衬衫相协调，领带的长度要合适，领带尖应触及皮带扣，宽度应与西装翻领的宽度和谐。另外，还要注意衬衫的式样，颜色要与外套和领带协调，且要干净、整洁。鞋子应选择黑色和深棕色，浅色皮鞋配浅色西装，注意保持鞋子的光亮、干净。

2）女装着装技巧。

① 整洁平整。服装须保持清洁，并熨烫平整，穿起来大方得体。

② 色彩技巧。深色或冷色调的服装让人产生视觉上的收缩感，显得庄重严肃；而浅色或暖色调的服装会有扩张感，使人显得轻松活泼。

③ 配套齐全。鞋袜手套等的搭配也要多加考究。要注意鞋子和裙子在色彩、款式上的协调。如裙子至少应长及膝盖。袜子以透明近似肤色、黑色，或与服装颜色协调为好。不能穿着挑丝、有洞的袜子。正式、庄重的场合不宜穿凉鞋或靴子，黑色皮鞋适用最广，可以和任何服装相配。

④ 饰物点缀。佩戴的饰品不宜过多，而且尽量选择同一色系。佩戴首饰最关键的就是要与你的整体服饰搭配统一起来。

（6）化妆。化妆应遵循TOP原则，男士仪容重在"洁"，女士仪容重在"雅"。白天宜化淡妆，夜晚可适当加重妆容。与客户见面，宜化淡妆；参加正式社交活动，如晚宴，可以化晚宴妆。在家里，可以不化妆；会客，应适当化妆。但是应尽量避免在公共场所当中化妆或补妆。

5. 行为举止礼仪

行为举止的礼仪又称"仪态"，是指人们的身体所表现出来的各种姿势，主要通过站、做、行等动态语言表现出来。

（1）站姿。体态无时不存在于你的举手投足之间，优雅的体态是人有教养、充满自信的表现。举止落落大方，动作合乎规范，是个人礼仪方面最基本的要求。站立是一种静态美，是培养优美典雅仪态的起点。

1）女士站姿。女士站立时要头正、颈挺直、双肩展开放松，人体有向上的感觉；收腹、立腰、提臀；两腿并拢，膝盖挺直，小腿向后发力，人体的重心在前脚掌。

女士站立时双臂可自然下垂处于身体两侧，或将双手自然叠放于小腹前；两脚跟并拢，两脚呈"V"字形或"丁"字形站立，如图3-8所示。

2）男士站立。男士站立时要头正、颈挺直、双肩展开放

图3-8 女士站姿

第三单元 懂得物流客户服务的基本礼仪与沟通方法

松，人体有向上的感觉；收腹、立腰、提臀；两腿并拢，膝盖挺直，小腿向后发力，人体的重心在前脚掌。

男士站立时双臂可自然下垂处于身体两侧；两脚呈"V"字形分开或双脚平行分开，两脚间保持2～3拳宽的距离。

① 交际场合站立时需避免一些不良站姿。例如，身体歪斜、趴伏倚靠、双手叉腰、驼背弓腰、袖手抱肩。

② 站立时若能保持精神饱满、面带微笑会给人以良好的印象，如图3-9所示。

（2）坐姿。入座时要轻稳，上身保持站姿的基本姿势，头正目平。

1）女士坐姿。头部挺直，双目平视，下颌内收；抬头挺胸收腹，上身微前倾，两肩放松，勿靠椅背；就座2/3以内，双腿并拢，双手自然弯曲搭放在膝盖或大腿上；长时间就座时，可变换腿部姿势，双脚可正放或侧放，并拢或交叠，如图3-10所示。起立时，右腿向后回收半步，用小腿的力量将身体支起，并保持上身的直立状态。

图3-9 男士站立

图3-10 女士坐姿

女士坐姿包括正步坐姿（见图3-11a）、S步坐姿（见图3-11b）、索步坐姿（见图3-11c）和架步坐姿（见图3-11d）。

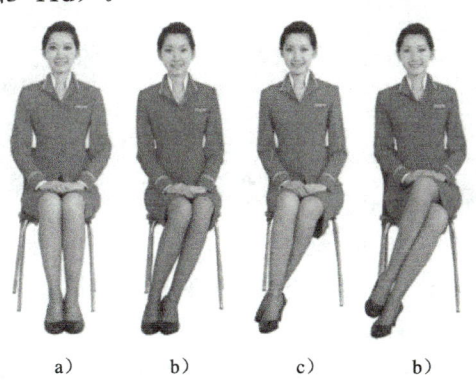

a)　　　b)　　　c)　　　b)

图3-11 女士坐姿类型

a）正步坐姿　b）S步坐姿　c）索步坐姿　d）架步坐姿

> **注意**
>
> 无论采用哪种坐姿，女士都应背部挺直、膝盖并拢。而不应有如下不雅坐姿：双腿叉开太大；双腿直伸出去；脚跟触地脚尖翘起；腿部抖动摇晃等。

2）男士坐姿。头部挺直，双目平视，下颌内收；抬头挺胸收腹，上身微前倾，两肩放松，勿靠椅背，双手搭放在膝头；就座椅子的2/3以内；双腿可稍分开，如图3-12所示。忌抖腿，叠腿时双腿不可呈"4"字形。

图3-12 男士坐姿

（3）蹲姿。

1）女士蹲姿。当弯腰超过45°时，要做下蹲的动作；下蹲时应保持上体正直，两脚前后分开，小腿前直后平；动作轻盈，注意裙角的处理，要轻蹲轻起，直蹲直起，如图3-13所示。下蹲时应注意如下事项：

①不要突然下蹲。蹲下来时切勿过快。

②不要距人过近。应与身边之人保持一定的距离，以防迎头相撞。

③不要正对着人下蹲。

2）男士蹲姿。弯腰超过45°时下蹲，两脚前后分开，小腿前直后平，上身直立，动作轻，如图3-14所示。

图3-13 女士蹲姿　　　　图3-14 男士蹲姿

（4）行姿。女性客户服务人员的行姿要求是轻松、敏捷、健美。男性客户服务人员的行姿要求是协调、稳健、庄重、刚毅。

女士在服务工作中常见的走姿是一字步。一字步走姿的要领是：行走时两脚内侧在一条直线上，步度标准为自己1～1.5个脚长，如图3-15所示。男士的走姿是稳重步，走两条平行线。

行走忌内八字、外八字；不可弯腰驼背、摇头晃肩、扭腰摆臀；不可走路时吸烟、进食；不可双手插在裤兜；不可左顾右盼；不可无精打采、身体松垮；不可摆手过快、幅度过大或过小。

图3-15 女士行姿

第三单元　懂得物流客户服务的基本礼仪与沟通方法

（5）手势。手势用手作的表示意思的各种姿势。

与人交谈时的手势不宜过多，动作不宜过大，更不可手舞足蹈；介绍某人或给对方指示方向时，应掌心向上，手指并拢，手臂自下而上从体侧自然抬起，目光应配合手势所指示的方向。在任何情况下，不可用拇指指自己的鼻尖或用手指指点他人，这有妄自尊大和教训别人之意。同样的一种手势在不同国家、地区有不同的含义，千万不要乱用而造成误解。

规范手势的标准应五指保持一个平面，伸直并拢，手臂与手腕保持一个平面，手臂弯曲成140°左右，掌心斜向前方，手掌与地面成45°。同时，目视来宾，面带微笑，表现出友善与尊敬。

按手势的高低规范手势可以分为高位手势、中位手势、低位手势，如图3-16所示。

1）高位手势。手势高度一般在肩部以上，头部以下。

2）中位手势。手势的高度在腰部与肩部之间，左手下垂，右手从腹前抬起，向右横摆到身体的右前方。

3）低位手势。手势的高度在腰部以下。

图3-16　规范手势

小知识

各种手势一览

1. 竖大拇指，余指握拳

大多数是表示自己对某句话或某件事的欣赏；也可以表示对他人举动的感谢，感激他为你所做的事；或者表示准备妥当。在英国、澳大利亚、新西兰等国，翘大拇指代表搭车。

2. V字手势

V字手势早已成为世界语了，该手势源自英国，因为V字在英国代表Victory（胜利），所以用V来表达胜利的欢欣，用此手势时需将手心背向自己。

3. 耸肩

以美国最流行，耸肩表示无能为力、无可奈何，以及爱莫能助的意思。搭配着瞪大眼睛、双手一摊的附加动作，更为传神。

4. OK手势

毫无疑问，OK手势也成为世界语了，以英文字母O与K联结而成，表示没问题，准备妥当，一切就绪；也有我很好、没事、谢谢你的关心之意。

5. 暂停手势

一般情况下暂停手势多用右手平放、左手伸出一个手指顶在右手手心表示。

3 物流客户服务

6. 表情礼仪

表情规范指人们的表情在表达过程中所遵守的彼此能够接纳的规定。表情亲切自然，不紧张拘泥；神态真诚热情，不过分亲昵；眼神专注大方，不四处游动；微笑的人永远受欢迎。

（1）微笑。微笑要发自内心，应该笑得真诚、适度、合时宜，如图3-17所示。微笑的主要特征：面含笑意，充分表达友善、诚信、和蔼、融洽等美好的情感。基本方法：先要放松自己的面部肌肉，然后使自己的嘴角微微向上翘起，让嘴唇略呈弧形。以微笑的幅度分大致可分类为一度、二度、三度微笑。一度微笑嘴角自然上扬，显示出自然温和的感觉；二度微笑嘴角明显上扬，显示出亲切关注的感觉；三度微笑嘴角大幅上扬，露出6～8颗牙齿，显示出热情积极的感觉。

（2）眼神。眼睛是心灵的窗户，目光传递内心的关注。在人际交往中，要注意注视对方的时间和位置。与他人交谈时，不可长时间凝视对方。不可长时间盯住对方某部位，或不停地上下打量对方，这是失礼的表现。

在社交场合注视对方的范围是以两眼为上限，下颌为顶角的倒三角区域，如图3-18所示。不同国家、不同民族、不同文化习俗对眼神的运用也有差别。

图3-17 微笑

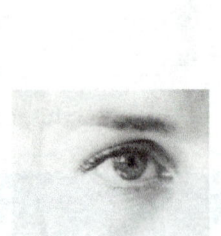
图3-18 眼神

二、正确接待来访客户

1. 关注形象

注意衣冠、仪态、语言（包括语音、语调、语速等）。

2. 信守约定

守信事关个人教养和形象，事关国人形象、公司形象，所以一定要信守约定。注意要慎于许诺，有诺必践，如约而至。

3. 座次有序

（1）在中国，职位高或年者坐在左边，反之坐在右边；在国际上，职位高或年长者坐在右边，反之坐在左边。

（2）谈判座次。客人面门而坐，主谈手居中。翻译坐主谈右侧。

第三单元 懂得物流客户服务的基本礼仪与沟通方法

(3) 签字仪式。签字人均面门而坐，客人在右，主人在左。其他人员分别站在客方和主方后面，如图3-19所示。

(4) 坐车座次。

1) 主人驾驶时，上座为副驾驶，客人坐副驾驶。有一种情况客人必须坐后面，就是主人夫人在场时，夫人应坐副驾驶。

2) 专职驾驶。司机后排对角线的位置为上座。

4. 热情有度、不卑不亢

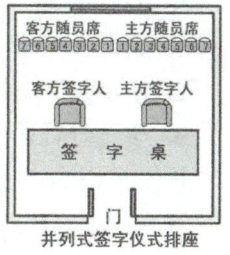

图3-19 签字仪式座次

在交往中，特别是国际交往中，要注意待人接物之中表现出热情的分寸。说话办事有恰当的分寸，既不低声下气，也不傲慢自大。

三、拜访客户的程序

1. 电话预约

提前了解客户，和客人约好拜访时间。

2. 拜访前的准备

拜访前需要准备以下资料：本人名片、企业的宣传资料、公司简介和企业最近的活动信息等。

3. 登门拜访

登门拜访时，物流客户服务人员应衣着整齐，礼貌用语，注重形象。遵守客户的规定，与客户交换名片，寻找共同话题。

4. 与客户沟通交流

(1) 感谢客户的支持，了解客户的需求与企业的不足。
(2) 帮助客户解决问题，缔结业务关系。
(3) 约定下次拜访时间，赠送小礼品。

5. 总结归档

(1) 做好拜访报告，将资料归档。
(2) 记录客户的特殊要求，以便提供个性化服务。

能力培养与训练

实训活动一：电话接听和拨打训练

【活动目的】

按照电话沟通程序和要求正确接听电话和拨打电话，能够比较有效地进行电话沟通。

【活动组织】

根据学生性格特征与特长分组，2人分为一组。

3 物流客户服务

【活动步骤】
1. 教师介绍本实训活动的内容、要求及注意事项。
2. 各小组完成接听电话和拨打电话训练。
3. 教师进行评价和总结。

【活动内容】
阅读下面的情景材料，分组完成接听电话和拨打电话训练。

1. 电话接听训练

林宇女士打电话给时光公司的高琦先生洽谈事务。

同仁：时光公司，您好！请问您找谁？

林宇：请问高琦在吗？

同仁：请问您是哪里？

林宇：我是林宇。

同仁：麻烦您稍等，我帮您转接，看他在不在。

林宇：谢谢您！

同仁：林小姐，很抱歉！高琦出去还没回来呢！请问您有什么事需要我转告他？

林宇：麻烦您帮我转告高琦，录像带的脚本我已经发送到他的邮箱中，请他回来看看有没有需要修改的地方。

同仁：好的，我会帮您转告高琦的。

林宇：谢谢您！

同仁：不用客气！

林宇：再见！

2. 拨打电话训练

环球物流公司人员与佳业公司人员在电话中洽谈业务。

环球物流公司人员：你好，请问你是佳业公司销售部吴经理吗？

佳业公司人员：是的，我是吴经理。

环球物流公司人员：我是环球物流公司的孟洁，非常抱歉，刚才有点事情耽搁了一下，没耽误您吧？

佳业公司人员：没关系，我只是想询问货物托运方面的信息。

环球物流公司人员：要托运什么货物？

佳业公司人员：是一批大米，从天津至上海港口，共计100吨位。

环球物流公司人员：哦，大米呀，那可以选择公路或水路。

佳业公司人员：那这两种运输方式在价格和运输时间有什么差别吗？

环球物流公司人员：公路是每吨120元，一天半可以到达；水路相对比较便宜，每吨100元，最短也要三天。

佳业公司人员：我时间比较紧，仅两天时间而已。听你这么说，只能选择公路了，这价格能不能低一点。

环球物流公司人员：吴经理，真是不好意思，这已经是最低的市场价格了，因为你是

第三单元　懂得物流客户服务的基本礼仪与沟通方法

我老顾客，这也是回报老顾客的最优惠价格。

佳业公司人员：好的，我们公司再商量一下。

环球物流公司人员：对了，货物托运时间公司有所规定，下午2:00前所托运的货物当天出运，第二天就可以到达，下午2:00后接运货物，则在次日出货，现在是10:30，那半小时后再打电话给你，好吗？

佳业公司人员：好。

环球物流公司人员：很希望能为贵公司服务。

佳业公司人员：好的，就这样，再见。

环球物流公司人员：再见。

【考核要求】

项　目	具体内容	具体改进计划
要点1　电话机旁应备有笔记本和铅笔	1. 是否把记事本和铅笔放在触手可及的地方 2. 是否养成随时记录的习惯	
要点2　先整理电话内容，后拨打电话	1. 时间是否恰当 2. 情绪是否稳定 3. 条理是否清楚 4. 语言能否简练	
要点3　态度友好	1. 是否微笑着说话 2. 是否真诚面对通话者 3. 是否使用平实的语言	
要点4　注意自己的语速和语调	1. 谁是你的信息接收对象 2. 先获得接受者的注意 3. 发出清晰悦耳的"梭"音	
要点5　不要使用简略语、专用语	1. 用语是否规范准确 2. 对方是否熟悉公司的内部情况 3. 是否对专业术语加以必要的解释	
要点6　养成复述习惯	1. 是否及时对关键性字句加以确认 2. 善于分辨关键性字句	

实训活动二：回答下列问题并进行演示

【活动目的】

按照电话沟通程序和礼仪接听电话和拨打电话，能正确处理各种问题，比较有效地进行电话沟通，并在实训过程中提高协作意识和沟通能力。

【活动组织】

根据性格特征与特长分组，5~6人分为一组。

【活动步骤】

1. 教师介绍本实训活动的内容、要求及注意事项。
2. 各小组回答问题，完成接听电话和拨打电话训练。
3. 教师进行评价和总结。

【实训内容】

阅读下面的情景材料，分组完成接听电话和拨打电话训练。

物流客户服务

1. 假设您正在电话里和一个客户谈生意，另一部电话突然响起。你将怎样应付这种局面？

2. 如果有个电话是您接听的，所找之人为您的同事，而您的同事恰巧不在。请简要设计一下电话记录。

3. 张先生经营的某科技公司委托某快递公司，将一块价值2.5万元的控制面板快递至外地，并支付了运费70元。然而，这单快递却在途中丢失，张先生给快递公司打电话索赔。该快递公司应如何处理？

【考核要求】

根据不同的情景接听电话、拨打电话，电话记录清晰、完整，交谈内容简洁，用语规范。

实训活动三：见面礼仪

【活动目的】

掌握良好的见面礼仪，能给客户留下良好的第一印象，并为以后顺利开展工作打下基础。

【活动组织】

根据性格特征与特长分组，5～7人分为一组。

【活动步骤】

1. 教师介绍本实训活动的内容、要求及注意事项。
2. 各小组指出情景材料中小王的错误做法、失礼之处，演示正确做法。
3. 各小组演示。
4. 教师进行评价和总结。

【实训内容】

阅读下面的情景材料，分组回答问题，演示正确做法。

在一次接待某省考察团到访时，小王因与考察团团长熟识，被列为主要迎宾人员陪同部门领导前往机场迎接贵宾。当考察团团长率领其他工作人员到达后，小王面带微笑，热情地走向前，先于部门领导与团长握手致意，表示欢迎，然后转身向自己的领导介绍这位考察团团长，接着又热情地向团长介绍了随自己同来的部门领导。小王自以为此次接待任务完成得相当顺利，但他的某些举动却令其领导十分不满。请指出小王的失礼之处。小王应该怎么做？

【考核要求】

正确分析小王的失礼之处，演示正确做法。通过与其他同学的配合交流，培养沟通能力和团队合作精神。

实训活动四：介绍礼仪

【活动目的】

能针对不同的场合和情景，恰当地进行自我介绍和为他人作介绍。

第三单元　懂得物流客户服务的基本礼仪与沟通方法

【活动组织】

根据性格特征与特长分组，5～7人分为一组。

【活动步骤】

1. 教师介绍本实训活动的内容、要求和注意事项。
2. 各小组分析情景材料回答问题，正确演示。
3. 教师进行评价和总结。

【实训内容】

阅读下面的情景材料，分组回答问题，演示正确做法。

1. 2012年3月，在山城重庆召开的全国糖酒会上，三鑫公司的赵总看到了久闻大名的新意集团的刘董事长。晚餐会上，赵总主动上前作自我介绍，并递给了对方一张名片。刘董事长接过名片，马马虎虎地用眼睛瞄了一下，放在了桌子上，然后继续用餐。运用所学礼仪知识回答，分析回答他们的做法是否正确，为什么？

2. 一位是老板，一位是公司新进员工，一位是公司秘书，秘书将如何介绍老板与新进员工认识？三位各自的礼规是什么呢？

3. 若某人想认识某位知名人士，你作为中间人，应该如何介绍其相识呢？

【考核要求】

回答问题，并正确演示做法。通过沟通交流，培养学生的沟通能力和团队合作精神。

实训活动五：仪容仪表礼仪

【活动目的】

掌握不同场合和情境中的仪容仪表礼仪。

【活动组织】

根据性格特征与特长分组，5～7人分为一组。

【活动步骤】

1. 教师介绍本实训活动的内容、要求及注意事项。
2. 各小组分析情景材料。
3. 教师进行评价和总结。

【活动内容】

阅读下面的情景材料，分组回答问题，并演示正确做法。

1. 元世祖忽必烈一次召见应聘官员，应聘者中有一位学士叫胡石塘。此人生性粗心，不拘小节，歪戴着帽子也没有发现就进去面见元世祖。元世祖忽必烈看见他，问道："你有什么本事啊？说来我听听，"胡学士回答说："我有治国平天下的学识。"忽必烈听了哈哈大笑："你连自己头上的帽子都戴不平，还能平天下吗？"

问题：胡学士因为歪戴帽子，不拘小节而葬送了前程，你是怎样理解"小处不可随便"这个问题的？

2. 李奇的口头表达能力不错，人既朴实又勤快，在业务人员中学历又高，领导对他抱

物流客户服务

有很大期望。可是他做了销售代表半年多了，业绩总是没有提升。问题到底出在哪儿？原来，他是个不修边幅的人，喜欢留着长指甲，指甲里经常藏着很多"东西"。脖子上的白衣领常常有一圈黑色的痕迹。他喜欢吃大葱、大蒜之类刺激性的食物。

问题：请从礼仪角度分析小李业绩上不去的原因？

【考核要求】

各小组正确分析情景材料中胡学士和李奇失败的原因，并指出正确的做法。

实训活动六：行为举止礼仪

【活动目的】

掌握不同场合和情境中的行为举止礼仪。

【活动组织】

根据性格特征与特长分组，5~7人分为一组。

【活动步骤】

1. 教师介绍本实训活动的内容、要求及注意事项。
2. 各小组分析情景材料。
3. 教师进行评价和总结。

【活动内容】

阅读下面的情景材料，分组回答问题、设计情节，演示正确做法。

1. 在一次宴会上，一位教授和他的夫人以及他的学生们在一起吃饭。其中一位学生是美国人，他宴请了教授和其他的同学。美国的学生坐在教授的对面，而其他的学生则是随便坐。在吃饭的过程中，大家都在谈论关于中国与中国美国局势的话题。请指出宴会上正确和失礼之处。

2. 一位老师带领学生前往某集团公司参观，该集团的总裁是老师的大学同学。老总亲自接待不说还非常客气。工作人员为每位同学倒水，席间有位女生表示自己只喝红茶。学生们在有空调的大会议室坐着，大多坦然接受服务，没有半分客气。当总裁办完事情回来后，不断向学生表示歉意，竟然没有人应声。当工作人员送来笔记本，总裁亲自双手递送时，学生们大都伸着手随意接过，没有起身也没有致谢。从头到尾只有一个同学起身双手接过工作人员递过来的茶和总裁递来的笔记本，并客气地说了声："谢谢，辛苦了！"

最后，只有这位同学收到了这家公司的录用通知。有同学很疑惑甚至不服，"他的成绩并没有我好，凭什么让他去而不让我去？"老师叹气说："我给你们创造了机会，是你们自己失去了。"是什么原因使这些同学失去机会的？这些同学有哪些行为是不合乎礼仪的？

3. 李达夫妇乔迁新居，宴请宾客中有领导、同事、同学和朋友，请设计情景并进行表演。

4. 某班同学聚会如期举行，参加人员除了该班同学，还有班主任刘老师和同学的朋友，请设计一段情景并进行表演。

【考核要求】

分析情景材料1和2中的失礼之处，演示正确的做法；设计3和4的情景并表演。将所学知识转化为实际应用，通过沟通交流，培养学生的沟通能力和团队合作精神。

第三单元　懂得物流客户服务的基本礼仪与沟通方法

实训活动七：拜访客户

【活动目的】

掌握恰当的拜访时机，能以正确的言谈举止拜访客户。

【活动组织】

根据性格特征与特长分组，5～7人分为一组。

【活动步骤】

1. 教师介绍本实训活动的内容、要求及注意事项。
2. 各小组设计情景，并进行演示。
3. 全班展开讨论。
4. 教师进行评价和总结。

【活动内容】

阅读下面的情景材料，分组设计情节，并进行演示。然后全班展开讨论，选择出最好的做法，并说出理由。

李俊是某公司的客户服务人员，通过预约去拜访大客户张经理。如果你是李俊，请你模拟一下他进入张经理办公室进行拜访时的情景。

【考核要求】

设计李俊拜访大客户张经理的情景并表演。通过沟通交流，培养学生的沟通能力和团队合作精神。

实训评价

被考评人			考评地点			
考评内容						
考评指标		考评标准	分值/分	自我评价/分	小组评议/分	实际得分/分
专业知识技能掌握	懂得礼仪	掌握接打电话的礼仪和技巧，见面礼仪、介绍礼仪的正确做法和程序，仪容仪表礼仪的要求，正确的行为举止和表情	10			
	正确接待来访客户	掌握正确接待来访客户的要点	10			
	理解拜访客户程序	掌握拜访客户的程序	5			
	实训活动情况	正确完成打电话、见面、介绍、行为举止、拜访等实训活动	15			
通用能力培养	出勤	按时到岗，学习准备就绪	10			
	道德自律	自觉遵守纪律，有责任心和荣誉感	10			
	学习态度	积极主动，不怕困难，勇于探索	10			
	团队分工合作	能融入集体，愿意接受任务并积极完成	10			
		合　　计	100			
考评辅助项目					备　注	
团队之星						
团队互评						

注：1. 实际得分=自我评价×40%+小组评议×60%。

2. 考评满分为100分，59分及以下为不及格；60～74分为及格；75～84分为良好；85分及以上为优秀。

3. "团队之星"可以是实训活动中突出贡献者，也可以是进步最大者，还可以是其他某一方面表现突出者。

4. "团队互评"是由评审团讨论后为各组给予的最终评价。评审团由各组组长组成。当各组完成实训活动后，各组组长先组织本组内部进行商议，然后各组组长将意见带至评审团，评价各组整体工作情况，将各组互评分数填入其中。

3 物流客户服务

> **拓展提升**

服务人员化妆的基本常识

（1）洁面。用柔和洁面液或洁面乳彻底清洁面部。

（2）涂化妆水。用化妆水由下向上轻拍面部，达到收缩毛孔的目的。

（3）抹营养霜。在面部涂抹护肤露或营养霜。

（4）上粉底。粉底主要包括粉状、膏状和液体这三类。

在前额、鼻子、面颊和下巴处抹几点粉底，然后用手指或海绵块从中间朝发际和四周抹匀。注意与颈部、耳背等肤色衔接，使之浑然一体。

（5）眼的化妆。从眼睑开始，在眼皮折线以下抹眼影粉，由内眼角到外眼角，使用灰色、棕色等柔和的色彩，至眉尾骨处渐淡，不能有肿泡的感觉。眼睛特别泡的，可抹深色眼影粉。最后将眼影粉的边缘涂开一些，以显得柔和自然。

用眼线笔或眼线液在上下睫毛根部化眼线，眼线与眼影相协调。可用小刷子将眼线刷成柔和的线。把睫毛油施到睫毛端部，先从内向外刷，再从下向上刷。

（6）眉毛的化妆。要修正眉毛，用蓝灰色打底，再用黑色或棕色眉笔画，理顺眉向。

（7）腮红。把胭脂抹在面颊最高点，沿面颊往太阳穴抹匀。

（8）粉饼修饰。使用透明粉饼把粉扑在面上，使面部不油亮，整个化妆柔和自然。

（9）涂唇膏。先用唇线笔画唇线，上下唇厚度要一致，左右要相称。然后把整个嘴唇画好，用纸巾轻拍唇部。

（10）鼻子。鼻梁两侧用棕色或深色粉底或眼影色，鼻梁正中抹上浅色粉底，使鼻子立体感强，鼻梁突出。

模块二　学会客户服务的沟通方法

> **模块描述**

沟通构成了我们生活的重要组成部分。一个管理者的管理水平和管理效率主要取决于其沟通和协调能力。与人沟通时一定要注意方法和技巧，运用浅显易懂的词句，建立良好的人际关系，满足自己的愿望。

> **模块目标**

知识目标

掌握接近客户的准备工作，掌握面对面沟通中的客户肢体语言、声音语言和文字语言。

能力目标

能正确制订拜访计划，做好拜访客户准备工作，会比较有效地与客户进行面对面沟通。

第三单元　懂得物流客户服务的基本礼仪与沟通方法

素质目标

善于沟通与协调，具有团队合作精神。

情景导入

"我寄出的邮件怎么这么多天了还没收到，花那么多钱，还这么慢，这是什么特快专递啊，我都等得快急死了。以后再也不用你们的快递了！"

客服人员遇到这种情况应该如何与客户沟通？

知识储备

客户沟通的能力指一个人与他人有效地进行信息沟通的能力。沟通能力是个人素质的重要体现，它涉及一个人的知识、能力和品德。良好的沟通能力是处理好人际关系的关键。具有良好的沟通能力不仅可以使你很好地表达自己的思想和情感，而且还能获得别人的理解和支持。沟通能力在一定程度上能够说明了团队合作能力。下面从接近客户与懂得与人沟通两个方面来介绍培养客户的沟通能力。

一、接近客户

成功地接近客户，不仅要在行动上接近客户，更要在心理上靠近客户，与客户实现真正的沟通。

1. 接近客户前的准备

（1）收集客户信息。个体客户信息包括：姓名、年龄、籍贯、文化水平、居住地点、兴趣和爱好、需求内容、家庭及成员情况、邮政编码、电话号码、职业等。团体客户包括：组织名称、组织性质、组织规模及所在地、组织人事、生产经营状况、购买情况等。

（2）收集客户信息的途径。

1）搜索。企业网站、新闻报道、行业评论等。

2）权威数据库。国家或者国际上对行业信息或者企业信息有权威的统计和分析，是可供参考的重点。

3）专业网站。行业网站的信息。

4）展览。各行业或者地区定期或不定期的展览。

5）老客户。老客户提供的信息。

6）竞争对手。让对手开口告诉你的客户信息。

7）客户企业。他会为您提供相应的一些必要信息。

8）会议与论坛。可以提供最新的信息。

9）专业机构。为你提供专业信息。

10）内部资源。企业内部的信息。

从多个渠道收集所需要的信息，是保证信息全面、准确的有效方法。

2. 观察客户

（1）眼神观察。"眼睛是心灵的窗户"，客服人员应该首先从客户的眼神中观察其透露出的相关信息。比如，如果客户的眼睛一直关注手头正做的事情而不理会客服人员，那么这样的客户常常有一种拒人于千里之外的冷淡态度；如果客户的眼睛看着客服人员，那么客服人员已经引起客户的关注。

客户的眼神会随着沟通情境的不同而发生一定的变化，有经验的客服人员会从这些变化中捕捉到十分重要的信息。比如，当你正滔滔不绝地介绍时，却发现客户已经闭起双眼，或者开始东张西望，那就表明他（她）已经对你的介绍感到厌烦，或者对你的话题没有兴趣了。此时，你就要换一个话题，或者停下来，引导客户参与谈话，以了解客户真正关心的问题。

（2）表情观察。

1）眉语。

①扬眉。表示高兴的神态和心情，表示高兴的如"扬眉吐气"。具体状态是双眉扬起，略向外分开，眉间皮肤伸展，使眉间短而垂直的皱纹拉平，而整个前额的皮肤向上挤紧，产生水平方向的长条皱纹。如果客服人员的谈话符合客户的兴趣，客户就会眉开眼笑，眉毛就会扬起，表示欢喜和愉悦。而如果客户是一条眉毛上扬，一条眉毛下降，表示心中有疑问，对客服人员心存怀疑或者还有不理解的地方。这就需要客服人员进一步证明或者加以解释。

②皱眉。双眉皱起，脸部也跟着上扬，额头出现长长的水平皱纹，这样的表情表示不高兴、不耐烦，或者很为难。这说明客户对客服人员不满意、不喜欢，而且不愿意再听客服人员的啰嗦，有很强的抗拒心理。

③耸眉。眉毛上扬，停留一会儿又降下，同时伴有撇嘴的动作，这表示的是一种厌烦和不欢迎，有时也表示一种无奈。遇到这样的客户，客服人员要保持冷静，对客户的心理表示理解，用最有力的保证去说服客户。

④闪眉。眉毛上扬，又立即降下，像闪电一划而过，同时还伴着扬头和微笑的动作。眉毛闪动是惊喜的一种表现，表示眼前一亮，对对方的到来表示欢迎。眉开眼笑、眉飞色舞表示喜悦或得意的神态；双眉紧蹙表示忧愁不快乐；横眉表示愤怒；愁眉苦脸表示发愁苦恼、心事重重等。

2）面部表情。那些表情严肃、双唇紧闭、说话速度不紧不慢但语气却非常坚定的客户通常更为理智。与这些客户沟通时，客服人员最好把话题集中到核心的内容上，不要东拉西扯。对于这些客户提出的问题，客服人员要给予自信而坚定的回答，不要模棱两可、躲躲闪闪。

那些表情较为丰富且变化较快的客户更加感性，有时一句感情色彩比较浓厚的话就可能会能引起他们的强烈共鸣，一个不得体的小动作也可能会使他们的情绪迅速低落。面对这类客户，客服人员要给予更多的体贴和关怀，要多倾听他们的意见。

（3）动作观察。

1）手部动作。

①遮住嘴巴。当客户说谎话的时候，他们往往会不自觉地用自己的手遮住自己的嘴巴。遇到这种情况，你应该停止交谈并且询问客户，"您有什么问题吗"或者"我发现您不太赞同我的观点，让我们一起来探讨吧"。这样就可以让客户提出自己的异议，客服人

第三单元　懂得物流客户服务的基本礼仪与沟通方法

员也有机会来解释自己的立场并且回答客户的问题。

②触摸鼻子。当人们撒谎时，因为血液流量上升而增大，血压增强导致鼻子膨胀，引发鼻腔的神经末梢传送出刺痒的感觉，于是人们只能频繁地用手摩擦鼻子以舒缓发痒的症状。所以要是与客户交谈的时候发现客户触摸自己的鼻子，那很有可能是客户在撒谎。

③揉擦眼睛。大脑通过揉擦眼睛的手势企图阻止眼睛目睹欺骗、怀疑和令人不愉快的事情，或者是避免面对那个正在遭受欺骗的人。如果客户表面上看起来对你的话很感兴趣，但是他们却时不时地用手揉擦自己的眼睛，那么也可能表明他们对你的谈话感兴趣是假的。

④抓挠耳朵。当你和客户谈妥之后，要客户在上面签字，但是客户却用手抓了抓自己的耳朵，这一个细微的动作表示的是客户对你的介绍并不是真正的感兴趣。

⑤抓挠脖子。当客户在与你交谈的过程中，时不时地用手指抓挠脖子，那是客户疑惑和不确定的表现，等同于他在说"我不太确定是否认同你的意见"。当口头语言和这个手势不一致时，矛盾会格外明显，但我们可以断定，实际上他并不喜欢。

⑥拉拽衣领。撒谎会使敏感的面部与颈部神经组织产生刺痒的感觉，于是人们不得不通过摩擦或者抓挠的动作消除这种不适。只要客户和你交谈时出现了这样的动作，那么客户可能撒谎了。

⑦手指放在嘴唇之间。大部分用手接触嘴唇的动作都与撒谎和欺骗有关，但是将手指放在嘴唇之间的手势却只是内心需要安全感的一种外在表现。所以，遇到做出这个手势的客户，你不妨给予他承诺和保证，这将是非常积极的回应。

2）头部动作。

①侧向客服人员说明对谈话有兴趣。

②挺得笔直说明对谈话持中立态度。

③低头说明对谈话不感兴趣或持否定态度。

（4）坐姿观察。

1）"弹弓式"坐姿。这种坐姿意味着冷酷、自信、无所不知，这种坐姿还伴随着把手放在后脑勺上的动作。有这种坐姿的客户大多是男性，这种客户通常用这种姿势给客服人员施压，或者故意营造出一种轻松自如的假象，客服人员可以模仿他的动作，形成了平等的地位。这样，客户对你的态度也会有大的改观。

2）准备就绪的坐姿。这种坐姿一眼就能看得出来，如果客户在听完你的陈述后做出准备就绪的坐姿，而且交谈的气氛又相当融洽，那么这个时候你可以大胆地询问对方的想法，你多半能得到肯定的回答。如果客户先是抚摸下巴，继而双臂交叉的话，客户可能否定你。

3）起跑者的姿势。这种姿势传达出一种结束会谈的愿望。表达这种愿望的肢体语言包括身体前倾，双手分别放在两个膝盖上，或者身体前倾的同时两只手抓住椅子的侧面，就像在赛跑中等待起跑的运动员一样。

（5）观察要领。

1）综合多项体态特征。

客服人员要结合客户多项体态特征，作出综合判断。

2）目光接触的技巧。

3 物流客户服务

"生客看大三角、熟客看倒三角、不生不熟看小三角。"这句话的意思是：与不熟悉的顾客打招呼时，眼睛要看他面部的大三角，即以肩为底线、头顶为顶点的大三角形。与较熟悉的顾客打招呼时，眼睛要看着他面部的小三角，即以下巴为底线、额头为顶点的小三角形。与很熟悉的顾客打招呼时，眼睛要看着他面部的倒三角形。

3．接近客户

客服人员在做好充分的准备后，应选择接近客户的时机，采取一定的方法接近客户。

（1）接近客户的时机。

1）客户轻松、情绪好时。在客户休闲、心情轻松地时候接近客户，容易获得成功。

2）客户需要交流时。如果客服人员在客户孤独、无聊时接近客户，效果会较好。

3）能解决客户问题时。如果能给客户提供一些帮助的时候接近客户，能赢得客户的好感，往往就能获得机会。

4）老客户引荐时。让自己的老客户给你介绍新客户，有较高的信任度，能更快的达到目的。

（2）接近客户的方法。

1）介绍接近法。介绍接近法是指通过客服人员的自我介绍或他人介绍来接近客户。介绍的内容包括姓名、工作单位、拜访的目的等情况。

2）社交接近法。社交接近法是指通过与客户开展社会往来接近客户。采用这种方法一般不开门见山地说明用意，而是尽量先与客户形成和谐的人际关系。

3）馈赠接近法。馈赠接近法是指客服人员通过赠送小礼物来接近客户。

4）赞美接近法。赞美接近法是指客服人员利用一般客户的虚荣心，以称赞的语言博得客户的好感，接近客户。

5）服务接近法。服务接近法是指客服人员通过为客户提供有效并符合需要的某项服务来博得客户的好感和赢得客户的信任来接近客户。具体的服务内容包括维修服务、信息服务、免费试用服务、咨询服务等。

6）利益接近法。利益接近法是指客服人员利用产品或服务能为客户带来的实际利益以引起客户的兴趣并接近客户。

7）好奇接近法。好奇接近法是指客服人员通过引发客户的好奇心来接近客户。

8）问题接近法。问题接近法指客服人员通过直接向客户提问的方式来接近客户。

9）调查接近法。调查接近法是指客服人员利用市场调查的机会接近客户。

10）利用事件法。利用事件法是指把事件作为契机，接近客户。

二、懂得与人沟通

1．与客户沟通的原则

（1）不与客户争辩。与客户沟通最忌讳的就是呈一时的口舌之能，虽然会获得短暂的胜利的快感，但你绝对不可能说服客户，只会给以后的工作增加难度。真正的沟通技巧，不是与客户争辩，而是引导客户接受你的观点或向你的观点"倾斜"，晓之以理，动之以情。

（2）顾全客户的面子。只有顾全客户的面子，客户才能会给你面子；顾全客户的面

第三单元　懂得物流客户服务的基本礼仪与沟通方法

子，对我们来说并不是一件难事，只要你稍微注意一下你的态度和措辞。

（3）不要太"卖弄"你的专业术语。在与客户沟通时，不要自以为高人一等、什么都知道，拿出愿为人师的姿态。在向客户说明专业性用语时，最好的办法就是用简单的例子、浅显的方法来说明，让客户容易了解和接受，解释时还要不厌其烦，否则客户会失去听你解释的耐心，使得你根本达不到目的。

（4）维护公司的利益。维护公司的合法利益是每一位员工应该做的，也是我们与客户沟通的出发点和基本原则。在与客户沟通时，不能以损失公司的利益为代价，博取客户的欢心，更不能以损失公司或他人的利益，来换取客户对个人的感谢或谋取私利。

2. 与客户沟通的技巧

（1）抓住客户的心。摸透对方的心理，是与人沟通良好的前提。只有了解掌握对方心理和需求，才可以在沟通过程中有的放矢，可以适当的投其所好，对方可能认可你，那么解决问题可能已成功一半。

（2）记住客户的名字。记住客户的名字，可以让人感到愉快且能有一种受重视的满足感，这在沟通交往中是一项非常有用的法宝，记住客户的名字，比任何亲切的言语起作用，更能打动对方的心。

（3）不要吝啬你的"赞美的语言"。人性最深切的渴望就是拥有他人的赞赏，这就是人类有别于其他动物的地方，经常给客户赞赏，使客户有被重视的感觉。

（4）学会倾听。在沟通中，你要充分重视"听"的重要性。你能善于表达出自己的观点与看法，抓住客户的心，使客人接受你的观点与看法，这只是你沟通成功的一半；那成功的另一半就是善于倾听客人的内心。有效的倾听能增加信息交流双方的信任感，是克服沟通障碍的重要条件。要提高倾听的技能，可以从以下几方面去努力。

1）使用目光接触。
2）展现赞许性的点头和恰当的面部表情。
3）避免分心的举动或手势。
4）要提出意见，以显示自己不仅在充分聆听，而且在思考。
5）复述，用自己的话重述对方所说的内容。
6）要有耐心，不要随意插话和随便打断对方的话。

（5）付出你的真诚与热情。人总是以心换心的，只有拿出你的真诚与热情，沟通才有可能成功。真诚是沟通能否取得成功的必要条件。

（6）培养好的态度。具有良好的态度，才能让客人接受你、了解你。在沟通时，投入你的热情，要像对待朋友一样对待客户。

能力培养与训练

实训活动：观察客户训练

【活动目的】

会通过体态特征观察客户。

3 物流客户服务

【活动组织】

根据性格特征与特长分组，5~7人分为一组。

【活动步骤】

1. 教师介绍本实训活动的内容、要求及注意事项。
2. 各小组完成眼神、表情、动作、坐姿的演示并分析其含义。
3. 教师进行评价和总结。

【活动内容】

阅读下面材料，分组进行眼神、表情、动作、坐姿或其组合的演示，体验其效果。

（1）眼睛侧视、看上、看下、东张西望；

或（2）双手抱胸、手插裤袋；

或（3）手指指着你；

或（4）对你冷笑；

或（5）低音、没有感情、低头不看你；

或（6）高八度地笑着；

或（7）点头、微笑、眼光注视你。

【考核要求】

眼神、表情、动作、坐姿或其组合的演示形象、逼真、正确，正确分析其含义。

实训评价

被考评人			考评地点			
考评内容						
考评指标		考评标准	分值/分	自我评价/分	小组评议/分	实际得分/分
专业知识技能掌握	接近客户	掌握接近客户前准备工作，观察、接近客户的方法	15			
	懂得与人沟通	掌握沟通的原则与方法	15			
	实训活动情况	正确完成眼神、表情、动作、坐姿或其组合的演示并分析其含义	25			
通用能力培养	出勤	按时到岗，学习准备就绪	10			
	道德自律	自觉遵守纪律，有责任心和荣誉感	10			
	学习态度	积极主动，不怕困难，勇于探索	10			
	团队分工合作	能融入集体，愿意接受任务并积极完成	15			
		合计	100			
考评辅助项目					备注	
团队之星						
团队互评						

注：1. 实际得分=自我评价×40%+小组评议×60%。

2. 考评满分为100分，59分及以下为不及格；60~74分为及格；75~84分为良好；85分及以上为优秀。

3. "团队之星"可以是本次实训活动中突出贡献者，也可以是进步最大者，还可以是其他某一方面表现突出者。

4. "团队互评"是由评审团讨论后为各组给予的最终评价。评审团由各组组长组成。当各组完成实训活动后，各组组长先组织本组内部进行商议，然后各组组长将意见带至评审团，评价各组整体工作情况，将各组互评分数填入其中。

第三单元　懂得物流客户服务的基本礼仪与沟通方法

> 拓展提升

面对面沟通

一、面对面沟通技巧

1．正面陈述目的

例如，问客户："你最关心的是节电器的什么问题，以便我能够提供更多帮助。"

2．一般性引导

鼓励客户提出相关的任何问题。例如，客户"我已经试过其他品牌的节电器，但是没有效果。"回答："你能告诉我更多的情况吗？"

3．停顿

当客户没有说完或者在你说话时客户插话，请停顿。

4．重复

重复概括客户说过的信息。例如，客户："我们已经试过另外一家企业的节电器。"回答："你已经试过另外一家企业的节电器了？"或"另外一家企业的节电器？"

5．试探

（1）试探舒服性区域。客户以前介绍过的或者敞开式的讨论话题。

（2）试探敏感性区域。在沟通的敞开性充分大时，可以就价格、付款等敏感问题进行试探。

6．演绎

演绎是加上一个观点的重复。例如，"所有这些事情都考虑过了，那么是否可以说节省电费是最重要的了。"

7．倾听

在倾听过程中要遵循5W2H的倾听原则。5W2H分析法又叫七何分析法，是二战中美国陆军兵器修理部首创。

Why（为什么），What（做什么），Who（何人做），When（何时），Where（何地），How（如何），How much（多少），这就构成了5W2H法的总框架。通过5W2H聆听弦外之音。

二、面对面沟通中敞开性缩小的四种信号

1．辩护

一个人用理由或借口解释他没有履行诺言的情况。例如，"我已经将报告送上去了，但经理说他不感兴趣。"

2．责备

责备他人或自己控制不了的情况。例如，"其他部门不同意，我也没有办法。"

3．敌视

发怒或抵制对方。

3 物流客户服务

4．退出

客户不愿继续讨论。例如，"我现在很忙，以后再研究吧。"

综合训练

一、知识部分

（一）判断题

1．在介绍的礼仪中，常常把客人介绍给主人，把地位高的介绍给地位低的。（   ）
2．客人到家里做客，客人走时，主人主动给客人开门。（   ）
3．递接物品时应该要用左手递接。（   ）
4．乘公交车时要注意礼让，按顺序上下车，不要拥挤。（   ）
5．女士与男士握手，应由男士首先伸出手来。（   ）
6．不要拒绝与他人握手。（   ）
7．接过名片，首先要仔细看看。（   ）

（二）选择题

1．国际社会公认的"第一礼俗"是（   ）。
　　A．女士优先　　　　　　　B．尊重原则　　　　　　C．宽容的原则
2．孝敬老人首先要了解老人的特点，要求晚辈要（   ）。
　　A．与老人交流沟通　　　　B．多给老人金钱　　　　C．让老人有独立空间
3．下列日常饮食过程中不正确的是（   ）。
　　A．与同席者谈话，不宜高声
　　B．饭屑骨刺，可以抛掷地上
　　C．进食时，应细嚼缓咽，力避有声
4．与别人打招呼时（   ）。
　　A．另一只手可以插在口袋里
　　B．忌叼着烟
　　C．年长的向年轻的致意
5．电话铃响后，最多不超过（   ）声就应该接听。
　　A．三　　　　　　　　　　B．四　　　　　　　　　　C．五
6．正确握手的时长一般为（   ）。
　　A．3～4秒　　　　　　　　B．5～6秒　　　　　　　　C．10秒
7．呈递名片中不正确的说法是（   ）。
　　A．只能用右手呈递
　　B．要将名片正面朝向接受方
　　C．接受的名片应放到名片夹或上衣口袋中

第三单元　懂得物流客户服务的基本礼仪与沟通方法

8. 下列一般介绍顺序，（　　）是错误的。
   A. 将男性介绍给女性
   B. 将年轻的介绍给年长的
   C. 将先到客人介绍给晚到的客人
9. 在可以吸烟的餐厅用餐中，如需抽烟，你应该（　　）。
   A. 征得邻座同意再抽
   B. 先给其他人上烟自己再抽
   C. 不声不响的走开自己抽
10. 初次见面时，客套话称（　　）。
    A. 久仰　　　　　　B. 久违　　　　　　C. 久别
11. 下列几种花中，（　　）花最适合赠送给母亲。
    A. 玫瑰　　　　　　B. 月季　　　　　　C. 康乃馨
12. 在公共汽车、地铁、火车、飞机上或剧院、宴会等公共场所，朋友或熟人间说话应该（　　）。
    A. 随心所欲　　　　B. 高谈阔论　　　　C. 轻声细语，不妨碍别人
13. 别人为你服务、做事和帮忙，无论给你的帮助多么微不足道，都要说（　　）。
    A. 谢谢　　　　　　B. 请　　　　　　　C. 对不起
14. 正式交往场合我们的仪表仪容要给人（　　）的感觉。
    A. 随意、整齐、干净
    B. 漂亮、美观、时髦
    C. 端庄、大方、美观
15. 礼仪是一个人性格、（　　）、文化程度、道德修养的外化。
    A. 仪容仪表　　　　B. 服饰打扮　　　　C. 气质
16. 做客时入座动作要（　　）。
    A. 快捷　　　　　　B. 轻稳　　　　　　C. 缓慢

（三）填图题

填写坐姿的不同形式。

　　　　（　　）　（　　）　（　　）　（　　）

物流客户服务

（四）简答题

1. 简述拨打和接听电话的礼仪。
2. 简述接听和拨打电话的程序。
3. 简述握手的顺序。
4. 简述介绍的顺序。
5. 简述眼神应注视的区域。
6. 简述接近客户的时机和方法。
7. 简述客户沟通的原则。
8. 简述客户沟通技巧。

（五）案例分析题

1. 郑伟是一家大型国有企业的总经理。有一次，他获悉有一家著名的德国企业的董事长正在本市进行访问，并有寻求合作伙伴的意向。于是他想尽办法，请有关部门为双方牵线搭桥。让郑经理欣喜的是，对方也有兴趣同他的企业进行合作，而且希望尽快与他见面。到了双方会面的那一天，郑经理根据自己对时尚的理解，对自己的形象刻意地进行一番修饰，上身穿着夹克衫，下身穿牛仔裤，头戴棒球帽，足蹬旅游鞋。无疑，他希望自己能给对方留下精明强干、时尚新潮的印象。然而事与愿违，郑经理自我感觉良好的这一身"行头"，却偏偏坏了他的大事。

问题：郑经理的错误在哪里？他应该在哪些方面进行改进？

2. 里根在悼念美国挑战者号太空宇航员的电视讲话。

（1）跟伟大的海上探险家弗兰西斯·德雷克一样，挑战者号宇航员把他们的生命献给了他们全身心投入的一项事业。我们因他们而得到荣誉，我们永远也不能够忘记他们。我们将永远铭记今天早晨见到他们准备飞行的最后时刻。

（2）今天，历史出现了重复。390年前的今天，伟大的探险家弗兰西斯·德雷克在巴拿马海岸的船上死去。在他的一生，辽阔的边陲就是海洋。一位历史学家后来说："他活在海上，死在海上，埋在海底。"因此，今天我们可以对挑战者号全体船员说，他们的奉献是彻底的，就跟德雷克一样。

挑战者号太空飞船上的船员使我们感到了荣耀，是他们度过自己一生的方式使我们感到荣耀。我们永远也不会忘记他们，不会忘记今天早晨看见他们的最后一刻，当时他们准备好了远行，跟我们挥手道别，"挣脱大地无情的束缚"，去"触摸上帝的脸庞"。

问题：里根在悼念美国挑战者号太空宇航员电视讲话中的文字语言有哪些特点？

二、技能训练

1．坐姿训练

按照坐姿基本要领，着重脚、腿、腹、胸、头、手部位的训练。每天20分钟。

2．站姿训练

头顶放一本书，靠墙站立，后脚跟、小腿、臀、双肩、后脑勺紧贴墙。每天一次，每

第三单元　懂得物流客户服务的基本礼仪与沟通方法

次20分钟。

3．走姿训练

在地上画一条直线，头顶放一本书，行走时双脚内侧踩在线上，书不掉下来。

4．微笑训练

两人一组面对面进行咬筷训练，个人对镜训练。

5．口头沟通情景

一位客人入住某酒店，想让前台将他的房价打个折扣。服务员说："这不是我说调就能调的，这是酒店的规定。"客人说："我出差常到你们这里住，这次是来旅游的（当时是旺季），你们优惠一点，不信你可以查一查。"服务员说："那你应该知道我们房价的调整政策，现在一律不打折，就这种房价都还供不应求呢。出来旅游花点钱没什么呀？你要嫌弃房价高，那你到别的酒店去看看吧，经济型酒店的房价会便宜一点。"说完便忙着接待别的客人去了。客人非常生气，马上转身走到大堂经理处去投诉。这位客人再来出差时，选择了另一家与这家同等档次的酒店，该店从此失去了一个常客。

请你指出服务员文字语言存在哪些问题，并指出不当话语的潜台词。

单元内容

第四单元　收集物流客户信息和档案管理
模块一　寻找客户与建立客户数据库
模块二　尝试管理物流客户档案
模块三　分析物流客户数据

第四单元　收集物流客户信息和档案管理

客户有需求，才会购买你的产品和服务。物流企业要想让自己的工作有效，就必须完整、清楚地了解客户的需求信息。所以，物流企业首先要收集物流客户信息，分析物流客户数据，发掘潜在物流客户，并根据资料建立物流客户档案。

物流客户服务

模块一　寻找客户与建立客户数据库

模块描述

市场是由众多的客户组成的，客服人员必须不断地、更多地发掘新客户，这是企业长久不衰的有效保证。另外，由于市场竞争、人口流动、新产品、新服务的不断出现，分销方式和方法的变化，使大多数企业都不可能一直维持好所有的老客户。因此，客服人员需要寻找新的客户，不断地开拓新客户作为补充，并根据客户信息建立数据库，加强对客户的管理。

模块目标

知识目标

掌握寻找客户的原则、程序和方法，掌握建立客户信息数据库的方法。

能力目标

能够确定潜在客户范围，准确寻找潜在客户，能根据客户信息建立数据库。

素质目标

激发对信息技术的求足欲，提高协作精神。

情景导入

这是一个顾客的亲身感受：十年前，他和香港丽晶饭店总经理共餐时，总经理问他最喜欢喝什么饮料，他说是胡萝卜汁。大约六个月后，他再次住进丽晶饭店时，在房间的冰箱里，意外地发现了一大杯胡萝卜汁。他说："不管什么时候住进丽晶饭店，他们都为我准备好胡萝卜汁。十年间，尽管饭店的房价涨了三倍多，我还是住这家饭店，就因为他们为我准备的胡萝卜汁。"香港丽晶饭店之所以培养出这样忠诚的客户，一个重要原因就是饭店建立了客户数据库，并运用数据库技术进行客户服务管理。客户满意，才使丽晶饭店的发展蒸蒸日上。

问题：什么是客户数据库？如何建立客户数据库？

知识储备

努力寻找准客户，使客户数量不断增加，是物流企业业务量长久不衰的有效保证，也是促进物流企业不断创新、激发市场新需求的长久动力。寻找客户需要遵循一定的规律，

第四单元　收集物流客户信息和档案管理

把握科学的准则，使寻找顾客的工作科学化、高效化，并通过搜集和积累大量客户信息，建立数据库，准确了解客户需求，为客户提供更贴身的服务。

一、学会寻找客户

1. 寻找客户

寻找客户是指客服人员主动找出潜在客户（即准客户）的过程。

准客户是指对客服人员的产品或服务确实存在需求并具有购买能力的个人或组织。而客户是指那些已经购买"你"产品或服务的个人或组织。

寻找客户实际上包含了这样两层含义：

（1）根据产品或服务的特点，提出有可能成为潜在客户的基本条件。这个基本条件框定了准客户群体范围、类型及推销的重点区域。

（2）根据潜在客户的基本条件，通过各种线索和渠道，来寻找符合这些基本条件的合格客户。

2. 寻找客户的原则

（1）确定推销对象的范围。在寻找客户前，首先要确定客户的范围，使寻找客户的范围相对集中，提高寻找效率，避免盲目性。准客户的范围包括以下两个方面：

1）地理范围，即确定物流客户所处的区域。

2）交易对象的范围，即确定准客户群体的范围。

（2）树立"随处留心皆客户"的强烈意识。要想在激烈的市场竞争中不断发展壮大自己的客户队伍，就要在平时的工作时间甚至是在业余时间养成一种随时随地搜寻准客户的习惯，牢固树立随时随地寻找客户的强烈意识。

（3）选择合适的途径，多途径寻找客户。对于大多数商品或服务而言，寻找客户的途径或渠道不止一条，究竟选择何种途径、采用哪些方法更为合适，还应将商品或服务的特点、物流客户的范围及区域结合起来综合考虑。

（4）重视老客户。成功的企业是保持现有客户并且不断扩充新客户，才能使营业收入逐渐增长。

3. 寻找客户的程序

寻找客户的工作既包括获知潜在购买者是谁，也包括对潜在购买者是否会购买进行分析和判断，从而对潜在购买者进行筛选。其过程如图4-1所示。

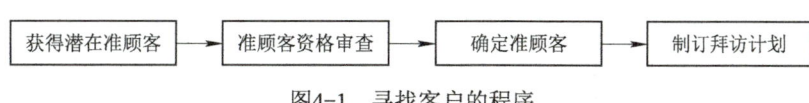

图4-1　寻找客户的程序

物流客户服务人员首先要根据物流产品的特征，提出可能成为准客户的条件。然后根据这些条件搜集资料，寻找各种可能的线索，拟出一份准客户的名单，再按照这份名单进行准客户评估和资格审查，根据审查结果确定你要向其进行推销的准客户。最后对这些准

物流客户服务

客户进行分析、分类,建立档案并据此编制拜访计划,进行拜访洽谈。

寻找客户的程序首先从发现可能购买的准客户开始。获得的准客户名单越多,可筛选的余地就越大。物流客户服务人员一般要采取多种途径和方法寻找准客户,以便使寻找准客户的有效性达到最大。

4. 寻找准客户方法

寻找准物流客户的基本思路是由里到外、先里后外、由近及远、先易后难。

(1) 内部检索主要通过以下几个方面来进行。

1) 职工调查表。发放职工调查表让企业职工了解市场和客户情况,并视其效果予以奖励,增强员工主人翁意识。

2) 客户名册。从物流企业现有的客户名册中寻找客户是寻找潜在物流客户的重要方法。

3) 财务部门。与本企业有财务来往的企业,一般与本企业有密切的关系,通过财务部门寻找潜在物流客户是有效的方法。

4) 服务部门。服务部门是企业的窗口,通过它们,客户可以了解企业的情况,从服务部门寻找准客户可起到事半功倍的功效。

(2) 外部调查的具体方法如下。

1) 熟识圈寻找法。在熟识群体范围内,积极寻找潜在客户,通过大量细致的主动接触会有所收获。

2) 客户名册法。通过各种渠道收集到客户名册,通过资料分析可以发现很多潜在客户。

3) 推荐法。这是人员之间相互推荐客户的方法。推荐法分为成交客户推荐法、未成交客户推荐法、其他人员推荐法。

4) 委托助手法。委托助手法是指通过雇佣有关人士来寻找潜在客户。

5) 信息利用法。信息利用法是指利用电话簿、企业名录、会员名册、报纸杂志等信息来寻找潜在客户。

6) 聚集场所利用法。利用一些场所(如各种会议、培训班)来寻找潜在客户。

7) 重点突破法。找到某一区域内的重点客户,通过发展该重点客户带动其他人员加入准客户行列。

8) 地毯式访问法。地毯式访问法指直接挨门挨户访问某一地区或特定行业的所有组织和个人。

9) 广告法。利用广告媒介传播信息,再通过反馈情报有针对性地寻找潜在客户的方法。

10) 咨询法。咨询法是指从事情报收集、整理、汇编工作的咨询公司,获得现成的资料,从中查找有用的情报。

二、建立客户数据库

1. 客户数据库的概念

客户数据库就是企业通过搜集和积累大量客户信息,并用计算机化的手段管理,形成

第四单元　收集物流客户信息和档案管理

一个数据库。物流企业要想在竞争日益激烈的市场中占有一定的份额，就要准确了解客户需求，为客户提供更贴身的服务，而要做到这一点，建立客户数据库是有效途径之一。

2．建立客户数据库

（1）建立客户数据库的步骤。

1）搜集资料。尽一切可能收集众多客户的信息，如企业名称、工作描述（客户主要业务）、部门或分公司、电话号码、传真号、地址、Email、交易数据等。

2）客户分类。资料收集后，根据企业的规模、行业、对企业的利润贡献等对客户进行分类。然后以公司为单位，逐一输入计算机，建立起客户数据库。

3）数据应用。客户数据库建好后，物流企业应根据不同类型客户的特点制订不同的应对策略。

4）维护数据库。在应用数据库的过程中要加强对数据库的维护。不断充实数据库，客户资料发生变化时及时更改，同时删除对公司毫无价值的资料。

5）做好数据库的安全防范工作。通过备份、加密等方式保证客户数据库的安全性。

（2）建立客户数据库。

1）建立数据库的常用方法。

① 在项目管理器中建立数据库。在项目管理器中建立数据库的界面如图4-2所示。首先在"数据"选项卡中选择"数据库"，然后单击"新建"按钮并选择"新建数据库"，然后通过创建对话框提示用户输入数据库的名称，即扩展名为dbc的文件名。例如，在"中铁物流科技公司"项目下，输入"客户服务管理系统"，即建立"客户服务管理系统"数据库，在创建对话框上有"保存"和"取消"等命令按钮，输入数据库名称后单击"保存"命令按钮完成数据库的建立，并打开"数据库设计器"。

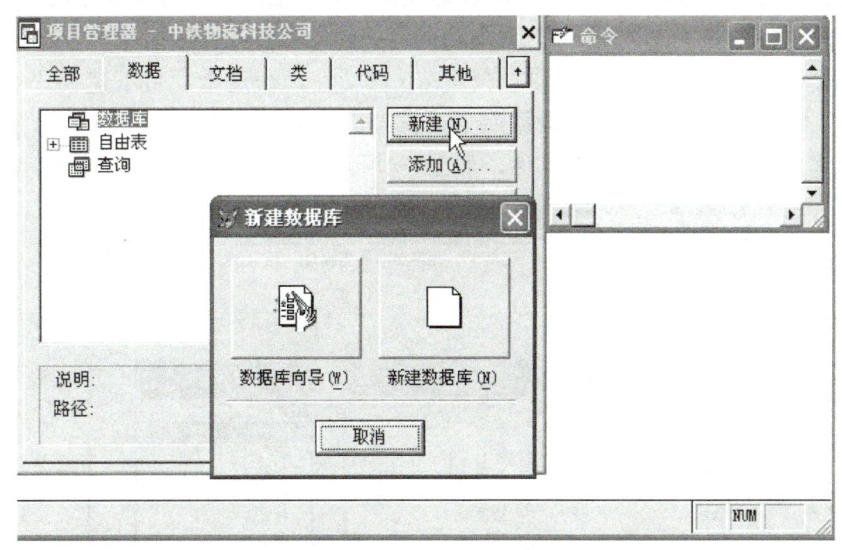

图4-2　项目管理器中的"新建数据库"对话框

② 通过"新建"对话框建立数据库。单击工具栏上的"新建"按钮或者选择菜单下的"新建"，打开如图4-3所示的"新建"对话框。首先在"文件类型"组框中选择"数据

4 物流客户服务

库"，然后单击"新建文件"按钮建立数据库，后面的操作和步骤与在项目管理器中建立数据库相同。

③ 使用命令交互建立数据库。建立数据库的命令是：Create Database <数据库文件名>。使用Visual FoxPro命令，需要打开命令窗口，在命令窗口内输入命令并且按回车键作为命令行的结束。命令行中包含需建立数据库的名称，如果不指定数据库名称或使用问号都会弹出创建对话框请用户输入数据库名称。例如，Create Database客户管理系统，其中"客户管理系统"是数据库文件名。

2）使用数据库。在数据库中建立表或使用数据库中的表时，都必须先打开数据库。常用的打开数据库的方式有以下三种。

① 在项目管理器中打开数据库。在项目管理器中选择了相应的数据库时，数据库将自动打开。

② 通过 按钮，在"打开"对话框打开数据库。单击工具栏上的"打开"按钮或者"文件"菜单下的"打开"对话框，在"文件类型"下拉列表中选择"数据库"，然后选择或在"文件名"文本框后输入数据库文件名，单击"确定"按钮打开数据库。

图4-3 "新建"对话框

③ 在使用命令打开数据库。打开数据库的命令是Open Database文件名。例如，Open Data客户服务管理系统。如果是以独占方式打开数据库，命令格式：Open Data客户服务管理系统 Exclusive，其中 Exclusive 表示独占方式。

④ 关闭数据库。数据库文件操作完成后或暂时不用时，必须将其关闭以确保数据安全。关闭数据库有两种方式，即利用"项目管理器"关闭数据库和用命令方式关闭。

命令格式：CLOSE DATABASE。命令功能：关闭当前打开的数据库。

建立一个项目，如"中铁物流科技公司.pjx"文件，在这个项目下建立"客户服务管理系统.dbc"数据库文件，在这个数据库下面再建立"客户服务表1.dbf"、"客户服务表2.dbf"、"客户服务表3.dbf"三个文件，如图4-4所示。

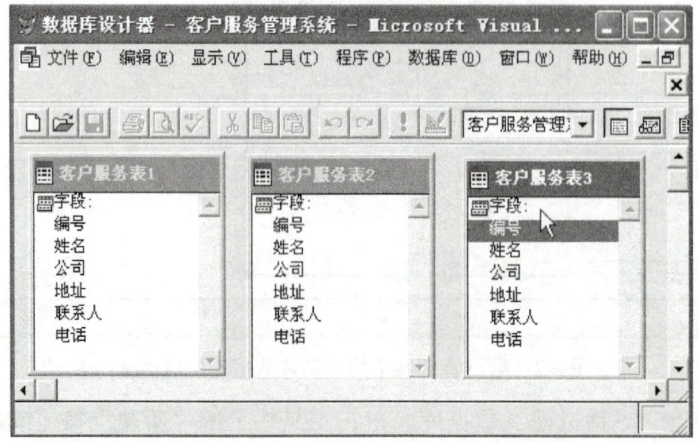

图4-4 数据库"客户服务管理系统.dbc"中建立三个数据库表

第四单元　收集物流客户信息和档案管理

3）修改数据库。修改数据库是指对数据库中的数据库表、视图等数据库对象执行创建、添加或移除等操作。在Visual FoxPro中修改数据库实际是打开数据库设计器，用户可以在数据库设计器中完成各种数据库对象的建立、修改和删除等工作。修改数据库有两种方式，即利用"打开"对话框打开数据库设计器和使用命令打开数据库设计器，如图4-5所示。

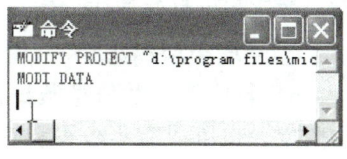

图4-5　用命令修改数据库

打开数据库设计器命令是Modlfy Database，简写成Modi Data即可。

4）删除数据库。从项目管理器中删除数据库比较简单，直接选择要删除的数据库，然后单击命令按钮"移去"。

① 移去。从项目管理器中删除数据库，但并不从磁盘上删除相应的数据库文件。

② 删除。项目管理器中删除数据库，并从磁盘上删除相应的数据库文件。

例如。从项目"中铁物流科技公司.pjx"中移去数据库"客户服务管理系统.dbc"，如图4-6所示。以上提到的数据库文件是dbc文件，而不是dbf文件。

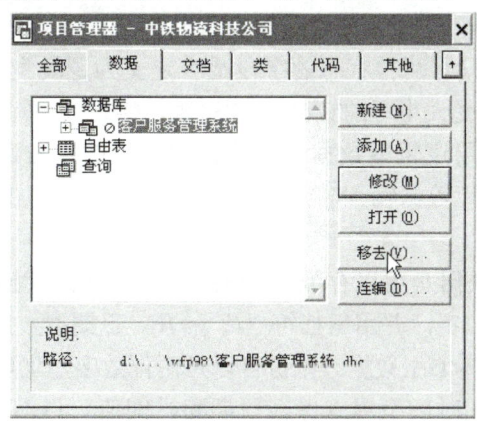

图4-6　从项目中删除数据库

Visual FoxPro的数据库文件并不真正含有数据库或其他数据库对象，只有在数据库文件中登录了相关的条目信息，表、视图或其他数据库对象才显示独立存放在磁盘上的。所以，不管是"移去"还是"删除"操作，都没有删除数据库中的表等对象，删除数据库后，保存在数据库中的信息将丢失，数据库表成为自由表。

使用命令方式删除数据库。删除数据库的命令是Delete Database。

具体命令格式如下：Delete Database〈数据库文件名〉

5）建立数据库表。在关系数据库中将关系称做表，在Foxbase和早期的FoxPro中称做数据库文件。一个数据库中的数据就是由表的集合构成的，一般一个表对应于磁盘上的一个扩展名为dbf的文件，如果有备注或通用型大字段，则磁盘上还会有一个对应扩展名为fpt的文件。

① 字段名。字段名即关系的属性名或表的列名。一个表由若干列（字段）构成，每个列都必须有一个唯一的名字——字段名，将来可以通过字段名直接引用表中的数据。在中文Visual FoxPro中字段名可以是汉字或合法的英文标识符。自由表字段名最长为10个字符。数据库表字段名最长为128个字符。字段名必须以字母或汉字开头。字段名可以由字母、汉

物流客户服务

字、数字和下划线组成。字段名不能包含空格。

② 字段类型和宽度。

a．数值型。数值型数据是指可以进行计算的数据。数值型数据包含0～9这10个阿拉伯数字，也可以有小数点和正负号。数值型数据又可以分为整数型和小数型两种。允许最大宽度为19位（包括小数点和符号位在内）。小数部分最大宽度为15位。数值型数据用N（Numeric）表示它的类型，也称N型数据。

b．字符型。字符型数据是指一切可印刷的字符，包括汉字、26个英文字母、10个数字及各种符号与空格。汉字也属于字符型数据。一个汉字的长度相当于2个英文字符。字符型数据用C（Character）表示它的类型，也称C型数据。.Visual FoxPro规定，字符型数据的最大宽度为254个字符。

字符型是最常用的字段类型，某些不需要计算的字词和数字，如姓名、性别、单位、商品名称、电话号码、证件号、银行账号、邮政编码等用字符型存储为好。

c．逻辑型。逻辑型数据只有两个值，即逻辑真和逻辑假，逻辑型数据用L表示它的类型，也称L型数据。逻辑型数据用来描述对事物状态的判断结果。例如，是否为团员、是否为城镇生源、是否通过。只有两种状态的字段适合定义为逻辑型。逻辑型字段的长度固定为1个字节。逻辑型字段接受大小写的T和Y为逻辑真，接受大小写的F和N为逻辑假。

如果在赋值语句中使用逻辑型数据，必须在逻辑值的左右两边各加一个点"."，如A=.T.，B=.Y.。但在数据库数据输入时，逻辑型字段的输入不加两个点。系统输出时一律用.T.表示真，用.F.表示假。

d．日期型。日期型数据是用以存放日期的数据，一般采用mm/dd/yy（月/日/年）形式。月、日、年均为两位数字，并用斜杠符"/"隔开。日期型数据的固定长度为8位。日期型数据用D（Date）表示，称D型数据。年份可以是两位数字，也可以是4位数字。

e．日期时间型。日期时间型用以保存日期和时间值。日期时间型数据的存储格式为"yyyymmddhhmmss"。其中yyyy为年，占4位；mm为月，占2位；dd为日，占2位；hh为时间中的小时，占2位；mm为时间中的分钟，占2位；ss为时间中的秒，占2位。

f．货币型。在使用货币值时，可以使用货币型来代替数值型。小数位数超过4位时，系统将进行四舍五入处理。每个货币型数据占8个字节。

g．备注型。Visual FoxPro采用备注文件的形式存放较多的文字信息，该数据的类型称为备注型。备注型数据可以被编辑、显示、打印，但不能进行任何类型的运算。

h．通用型。用于标记电子表格、文档、图片等OLE对象，在表中占4个字节。

i．整型。不带小数点的数值类型。

j．浮点型。类似于"数值型"，长度在表中可达20位。

k．双精度型。一般用于要求精度很高的数据。

③ 空值。空值（Null）数据意味着数据不存在值。但是这与一个值为0的数字或长度为0的字符串有很大的区别。如表示价格的一个字段值，空值表示还没有定价，而数值0表示免费。又如，假设你的数据来自一个气象站，如果气象站的温度计出了问题读不出温度值，那么你的数据库中将存储一个Null值，而不是一个0。显然，值为0完全是另外一回事了。作为关键字的字段是不允许为空值的，在插入记录时允许暂缺的字段值往往允许为空值。

第四单元　收集物流客户信息和档案管理

④ 在数据库中建立表。在数据库中建立表最简单和直接的方法就是使用数据库设计器。在数据库设计器中选中"数据库"菜单或在任意空白区单击鼠标右键也会弹出"数据库"快捷菜单，从中选择单项"新建表"或"表向导"建立新表。此时首先打开输入表名的创建对话框，用户可以选择存放表的目录，接着在"输入表名"编辑框中输入表名，然后单击"保存"按钮打开表设计器。用户需要在表设计器中依次输入或选择字段、类型和宽度等，单击"确定"按钮，同时出现对话框提示是否立即输入记录。

例如，在数据库"客户服务管理系统.dbc"中建立一个数据库表文件"客户服务表.dbf"，如图4-7所示。

建立数据库表文件使用命令方式命令格式：Create〈数据库表文件名〉。

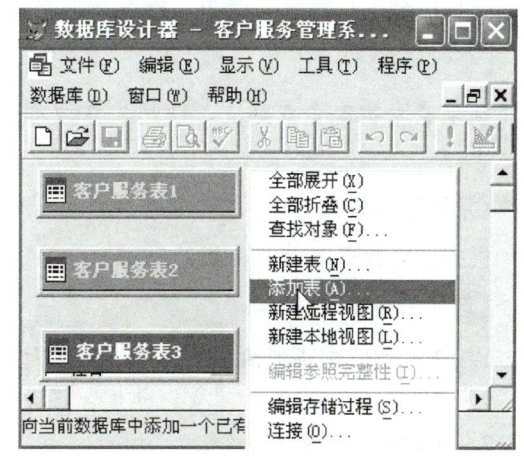

图4-7　从数据库中建立数据库表文件

能力培养与训练

实训活动一：寻找客户

【活动目的】

运用所学知识，采用多种方法寻找客户。注重着装、礼仪，语言恰当。

【活动组织】

通过阅读情景材料，每5名学生分为一组，分别扮演销售人员和客户。

【活动步骤】

1. 模拟场景，寻找客户。
2. 互换角色模拟。
3. 教师根据学生表现进行指导，选取优秀的客户需找方法进行示范，并进行点评。

【活动内容】

阅读下面的情景材料，分组完成寻找客户训练。

A物流企业成立于2003年3月，是一家专业从事国内货物运输、仓储、配送、托运的中小型运输物流企业。自公司成立以来，建立了以铁路运输、公路运输为主，结合包装制作、仓储管理、物流服务一条龙的综合运营体系。公司位于京津塘高速与东五环交界处，交通便利，现分别与全国各大货运单位形成联运的工作方式，每天都有各类型的运输车发往全国各地并且受理全国各地各大、中城市的整车零担、货物托运业务，设有库房，办理中转，可以承接全国大多数大中城市的运输业务。

请问A物流企业的客服人员如何寻找客户？

物流客户服务

【考核要求】

运用不同的方法寻找客户，用语规范，效果良好。

实训活动二：建立、使用、修改和删除数据库

【活动目的】

学生能为物流企业建立、使用、修改和删除数据库，在实训过程中提高创新能力和协作意识。

【活动组织】

根据性格特征与特长分组，5～6人分为一组。

【活动步骤】

1. 教师介绍本实训活动的内容、要求及注意事项。
2. 各小组根据资料，建立、使用、修改和删除数据库。
3. 教师进行评价和总结。

【活动内容】

根据下面的资料，建立、使用、修改和删除数据库。

1. 建立数据库表，资料见表4-1。

表4-1　部门项目

部门编号	部门名称	项目编号	项目名称	系统代码	备注
00	超级部门	0000	所有项目	0	
01	商务	0101	商务项目	6	
02	运输	0201	国内	3	
02	运输	0202	中港	3	
03	管理	0300	管理项目	5	
04	仓库	0405	仓库项目	2	
05	配送	0501	无箱部件	1	
05	配送	0502	有箱整箱	1	
05	配送	0503	有箱包装	1	
07	结算	0701	仓储	4	
07	结算	0702	运输	4	
07	结算	0703	货代	4	

2. 修改数据库

（1）增加字段"部门经理"，并添加记录值——自己的姓名。

（2）删除"表4-1部门项目"数据库"员工资料"表中"07"共三条记录，做彻底删除。

（3）对部门编号是"04"的备注字段，加入内容"系统管理员可以新增或删除部门"。

（4）对"表4-1部门项目"数据库中删除一个"系统代码"字段，然后修改"项目名称"字段的宽度，将原宽度"10"改为"12"。

【考核要求】

正确建立、使用、修改和删除数据库。

第四单元　收集物流客户信息和档案管理

实训评价

被考评人			考评地点		
考评内容					
考评指标		考评标准	分值/分	自我评价/分	小组评议/分	实际得分/分
专业知识技能掌握	寻找客户与建立客户数据库	掌握寻找客户的原则、程序和方法，掌握客户数据库的概念、作用和程序	15			
	建立客户数据库	掌握建立、使用、修改和删除数据库的方法	15			
	实训活动情况	能正确运用寻找客户的方法寻找客户，能正确建立、使用、修改和删除数据库	30			
通用能力培养	出勤	按时到岗，学习准备就绪	10			
	道德自律	自觉遵守纪律，有责任心和荣誉感	10			
	学习态度	积极主动，不怕困难，勇于探索	10			
	团队分工合作	能融入集体，愿意接受任务并积极完成	10			
		合　　计	100			
考评辅助项目				备　注		
团队之星						
团队互评						

注：1. 实际得分=自我评价×40%+小组评议×60%。
　　2. 考评满分为100分，59分及以下为不及格，60～74分为及格，75～84分为良好，85分及以上为优秀。
　　3. "团队之星"可以是实训活动中突出贡献者，也可以是进步最大者，还可以是其他某一方面表现突出者。
　　4. "团队互评"是由评审团讨论后为各组给予的最终评价。评审团由各组组长组成。当各组完成实训活动后，各组组长先组织本组内部进行商议，然后各组组长将意见带至评审团，评价各组整体工作情况，将各组互评分数填入其中。

拓展提升

修改数据库

一、使用浏览器操作表

在交互式工作方式下，最简单、方便的方法就是使用浏览器，打开浏览器的方法有多种，常用的方法如下。

（1）在项目管理器中将数据库展开至表，并且选择要操作的表，然后单击"浏览"按钮，如图4-8所示。

（2）在数据库设计器中选择要操作的表，然后从"数据库"菜单中选择"浏览"，或者右键单击要操作的表，然后从快捷菜单中选择"浏览"，如图4-9所示。

（3）在命令方式下，首先用USE命令打开要操作的表，然后键入浏览命令。

以上各种方式打开的浏览器界面如图4-10所示，在浏览窗口中可以进行表的修改。

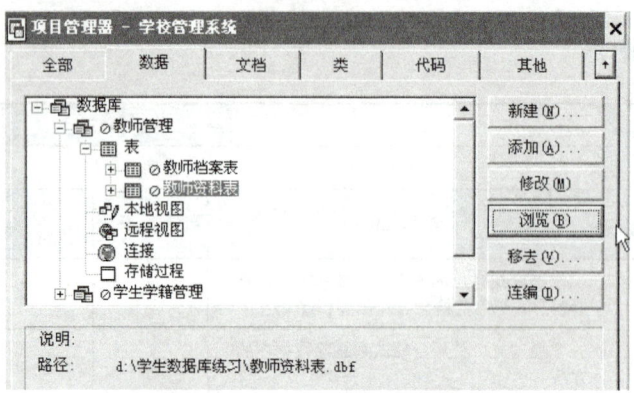

图4-8　单击“浏览”按钮展开表

图4-9　选择“浏览”按钮展开表

编号	姓名	性别	出生日期	文化程度	教研室	职称	工资
1001	夏冠平	男	08/04/70	本科	基础	高级讲师	4500
1002	周栾	男	04/16/72	硕士	物流	高级讲师	4300
1003	毕紫英	女	10/04/74	本科	市场营销	讲师	3000
1009	刘霞	女	08/12/85	本科	物流	助教	2000
1004	丁伟	男	05/15/75	本科	基础	讲师	3000
1005	胡伟斌	女	11/09/80	本科	物流	助讲	2000
1006	刘黎琴	女	01/03/84	硕士	市场营销	助教	2000

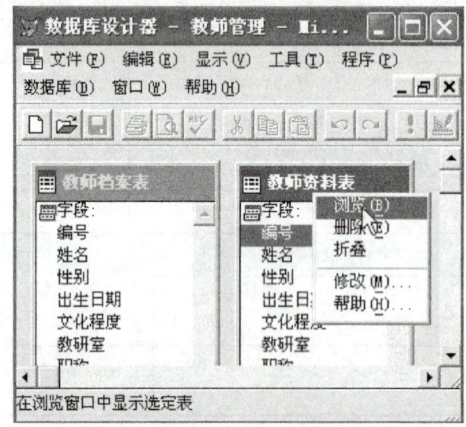

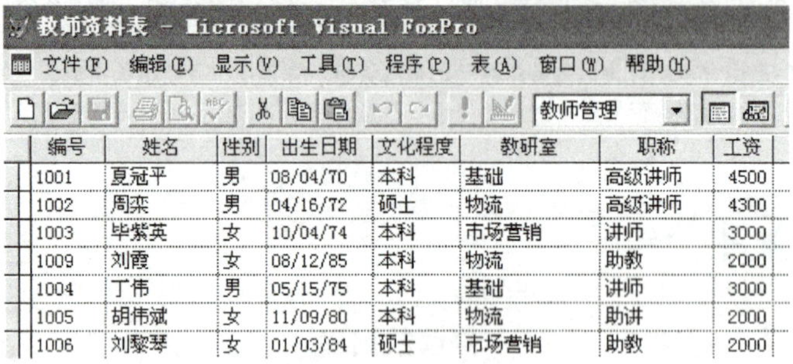

图4-10　浏览器界面

常用的浏览操作如下。

1）下一记录：下箭头键。

2）前一记录：上箭头键。

3）下一页：PageDown键。

4）前一页：PageUp键。

5）下一字段：Tab键。

6）前一字段：Shift+Tab键。

除此之外，可以用鼠标上、下、左、右滚动翻页和定位。

第四单元　收集物流客户信息和档案管理

二、修改数据库结构

数据库表建立之后，需要对数据库结构进行修改，以保证数据库的内容及时更新。修改数据库结构，包括对字段的增加、插入、修改、删除。

1．增加新字段

把光标移动到所有字段的后面，继续下移可以追加新字段。用户需要输入新字段字段名、类型、宽度，如果是数值型字段还应定义小数位。

2．插入新字段

把光标移动到要插入的字段位置按 插入① 按钮，即出现一个"新字段"，待用户输入字段定义，原字段依次下移，所有记录的新增字段值均为空值。如图4-11和图4-12所示在数据库表在"出生年月"字段后面插入一个"年龄"字段。

图4-11　在"出生年月"字段后面插入一个新字段"年龄"

图4-12　插入新字段"年龄"的数值均为空

3．修改字段

把光标移动到要修改的字段位置，可以直接修改字段名、类型、宽度或小数位。

4．删除字段

将光标放在需要删除的字段上，点击 删除① 按钮，后面的原字段依次上移。

三、修改数据库记录

修改数据库记录包括增加记录、删除记录、修改记录、显示记录、查询定位等。

1．增加记录

在建立数据库表结构后，可以立即输入数据记录。以后在使用数据库表时，一旦需要可以对空库或已有数据记录库输入记录。用"显示"菜单中的"浏览"功能或者命令。

2．删除记录

数据库表存放的数据十分重要，删除是维护表的经常性工作。在进行删除操作时一定要慎重，以免造成不该有的损失。所以在数据库中是按照逻辑删除记录、恢复逻辑删除记录、物理删除记录的操作分别进行的。

表中记录的所谓的逻辑删除其实就是给指定的记录作删除标记"*"，并不是真的从数据库表文件中将该记录删除掉，如图4-13所示，删除1、2、5、7号记录。

4 物流客户服务

记录号	学号	姓名	性别	籍贯	民族	出生年月	平均分	简历
1	*09081	张 伟	男	天津	汉	07/08/93	90.5	memo
2	*09082	刘春伟	男	北京	回	06/23/94	89.4	memo
3	09083	胡小佳	女	陕西	满	04/12/94	86.6	memo
4	00904	李玉平	女	吉林	汉	12/13/92	90.0	memo
5	*09085	刘 刚	男	山东	回	05/17/93	78.7	memo
6	09086	王秀茹	女	河南	汉	12/24/94	69.6	memo
7	*09087	郑 毅	男	上海	汉	09/30/93	85.3	memo

图4-13 逻辑删除后的记录情况

恢复逻辑删除记录使被删除的记录恢复为正常记录，即去掉"*"号，如图4-14所示。恢复1、2号记录，实际上就是去掉"*"。

物理删除是将当前表文件中被逻辑删除的记录全部清除，是真正从硬盘上删除记录，重新整理数据库，记录号重新排列，如图4-15所示。

记录号	学号	姓名	性别	籍贯	民族	出生年月	平均分	简历
1	09081	张 伟	男	天津	汉	07/08/93	90.5	memo
2	09082	刘春伟	男	北京	回	06/23/94	89.4	memo
3	09083	胡小佳	女	陕西	满	04/12/94	86.6	memo
4	00904	李玉平	女	吉林	汉	12/13/92	90.0	memo
5	*09085	刘 刚	男	山东	回	05/17/93	78.7	memo
6	09086	王秀茹	女	河南	汉	12/24/94	69.6	memo
7	*09087	郑 毅	男	上海	汉	09/30/93	85.3	memo

图4-14 去掉"*"号恢复1号、2号记录为正常记录

记录号	学号	姓名	性别	籍贯	民族	出生年月	平均分	简历
1	09081	张 伟	男	天津	汉	07/08/93	90.5	memo
2	09082	刘春伟	男	北京	回	06/23/94	89.4	memo
3	09083	胡小佳	女	陕西	满	04/12/94	86.6	memo
4	00904	李玉平	女	吉林	汉	12/13/92	90.0	memo
5	09086	王秀茹	女	河南	汉	12/24/94	69.6	memo

图4-15 物理删除后数据库表的情况

3．修改记录

在数据库表的使用过程中，需要不断地对数据库记录进行修改、编辑与更新，通常可以采用编辑修改、浏览修改、批量置换修改这样几种方式。

4．显示记录

在数据库表的操作过程中，经常需要查看或修改数据库表的全部、部分或某一条记录，这就需要用到有关记录的操作。例如，显示数据库表中全部"平均分"大于85分的记录，如图4-16所示。

记录号	学号	姓名	性别	籍贯	民族	出生年月	平均分	简历
1	09081	张 伟	男	天津	汉	07/08/93	90.5	memo
2	09082	刘春伟	男	北京	回	06/23/94	89.4	memo
3	09083	胡小佳	女	陕西	满	04/12/94	86.6	memo
4	00904	李玉平	女	吉林	汉	12/13/92	90.0	memo
7	09087	郑 毅	男	上海	汉	09/30/93	85.3	memo

图4-16 显示全部平均分大于85分的记录

5．查询定位

数据库表中的记录指针始终指向文件正在进行处理的那一条记录，即当前记录。如果用户希望对表中的某一条记录进行修改、删除等操作，必须先移动记录指针，使记录指针

第四单元　收集物流客户信息和档案管理

指向该记录，才能进行修改、删除操作。在任何时候记录指针只能指向表中的一条记录，定位指针的命令有绝对定位和相对定位两种方式。

模块二　尝试管理物流客户档案

模块描述

物流企业要根据现实客户和潜在客户信息，建立客户档案，对客户进行分类，记录相关资料和服务情况。完善的客户资料是公司的宝贵财富，不仅可以更好地为客户服务，而且对公司的决策具有重要意义。为了建立物流客户档案，就要掌握物流客户资料的内容和形式，掌握建立物流客户信息档案的方法。

模块目标

知识目标

1. 掌握物流客户资料的内容和形式。
2. 掌握建立物流客户信息档案的方法。

能力目标

1. 会人工建立物流客户信息档案。
2. 会计算机建立物流客户信息档案。

素质目标

勇于探索，不怕困难，积极主动，踏实工作，遵守法律法规、责任心和荣誉感强，具有团队合作精神。提高计算机水平，认真踏实，严谨细致

情景导入

福达公司是我公司快递业务的客户，该客户发展稳定，管理正规，业务分布较广，华北、华南、华东都有分公司，与我公司的费用结算方式为月结形式。

问题：请你为福达公司建立客户档案。

知识储备

物流客户信息档案包括客户基础资料、产品结构、市场竞争状况及市场竞争能力、与公司交易状况、其资信能力、市场容量、经营业绩、客户组织架构、竞争对手状况等一系列的相关资料。市场在变客户也在变，物流企业要做到"知己知彼"，随时了解客户的经营动态、市场变化、负责人的变动、体制转变等，加强对客户资料收集、整理，以供企业管理人员作辅助参考决策，满足客户要求。

物流客户服务

一、人工建立物流客户信息档案

公司的调查资料收集后,就要设计包括调查资料内容的表格,做成客户资料档案卡,并按照一定规律编号。这是进行客户管理信息系统的基础工作。

物流企业可以依据客户资料卡对客户进行管理。如果把客户档案做成像账簿一样,可以整理成册,这样就汇集成了客户资料记录簿,企业也可以在每一张档案卡上编号,方便查找。如果把客户的多方面资料汇集在档案袋里,就形成客户资料档案袋,在袋子的封面上贴一张登记表,登记上放入档案里的资料名称,方便查找。

二、计算机建立客户信息档案

物流企业采用了客户数据库的CRM系统,操作人员就可以直接使用计算机管理物流客户信息档案。对于中小企业或没有实施CRM系统的企业来说,较为方便的是通过Outlook软件来管理物流客户信息。利用Outlook中联系人功能可将物流客户资料保存在Outlook中,通过查找、字段选择、分组等方法快速查找到所需要的联系人,且与客户的业务往来记录一目了然。

1. 建立客户资料档案

打开Outlook,在【联系人】视图中选择【文件】→【新建】→【联系人】命令菜单,打开【联系人】对话框,在该对话框中填写客户资料,如图4-17所示。

图4-17　建立客户资料

2. 设计【联系人】窗体

很多企业都会在客户资料中添加【客户行业】的信息,但是在Outlook【联系人】中没有这一项,所以需要在【联系人】中添加【客户行业】。

第四单元 收集物流客户信息和档案管理

（1）打开Outlook，在菜单栏上选择【工具】→【窗体】→【设计窗体】命令，打开【设计窗体】对话框，如图4-18所示。

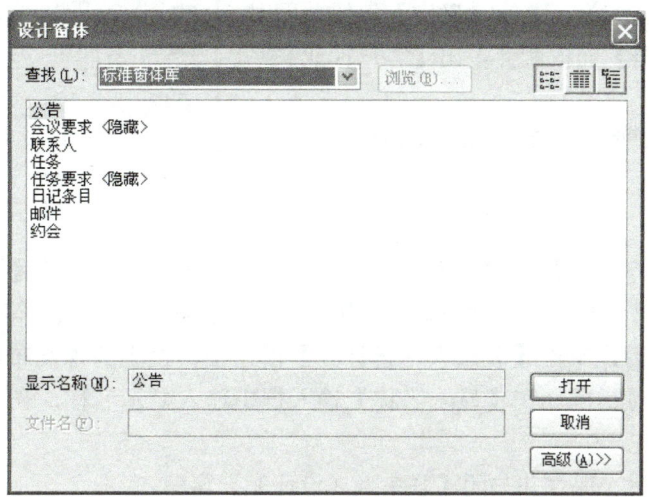

图4-18 打开【设计窗体】

（2）在【设计窗体】对话框中选择【联系人】选项，然后单击【打开】按钮。Outlook会自动打开【联系人（设计）】窗口和【字段选择器】面板，如图4-19所示。

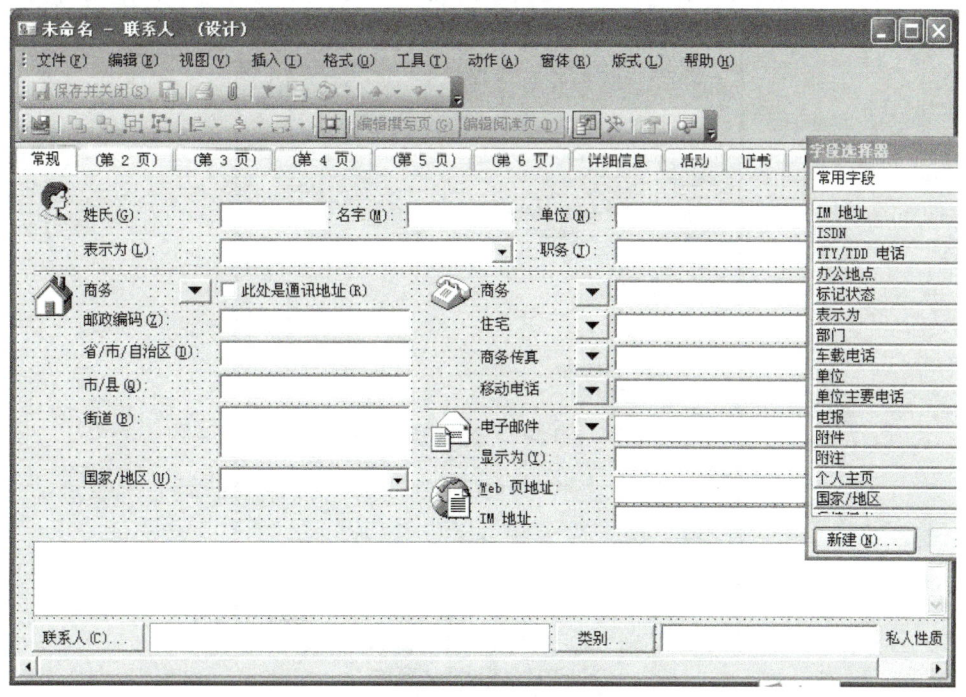

图4-19 可编辑的窗口和字段选择器

（3）单击【字段选择器】面板上方的下拉列表，选择【文件夹中用户定义的字段】选项，再单击【新建】按钮打开【新建字段】对话框。

物流客户服务

(4) 在【名称】输入框中输入【新建字段】的名称,如【客户行业】;在【类型】下拉列表中选择数据类型,选择【文本】,单击【确定】按钮关闭对话框。【字段选择器】面板就会多出【客户行业】字段,如图4-20所示。

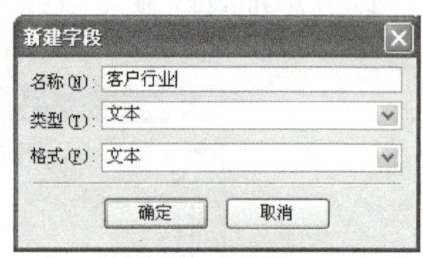

(5) 从【字段选择器】面板中拖动【客户行业】字段到【联系人(设计)】窗口中,并调整到合适的位置。

图4-20 新建字段

(6) 选中【客户行业】或它后面的输入框,然后单击工具栏上的【属性】按钮,打开【属性】对话框,对该控件的属性作调整。例如,更改标题文字、颜色等信息。

(7) 操作完成后,单击【联系人(设计)】窗口工具栏上的【发布窗体】按钮,打开【将窗体发布为】对话框。在【显示名称】输入框中输入显示名称,在【窗体名称】输入框中输入窗体的名称。

(8) 发布完成后,保存并关闭【联系人(设计)】窗口。

在创建完成自己的窗体后,可以将【自定义窗体】设置为【默认窗体】。操作步骤如下:

(1) 在Outlook快捷栏中用鼠标右键单击【联系人】图标,在快捷菜单中选择【属性】命令,打开【属性】对话框。

(2) 在【常规】选项卡中,有一个【投递到此文件夹,使用(P):】下拉列表,这里有所有窗体,选择刚定义好的窗体,单击【确定】按钮即可,如图4-21所示。

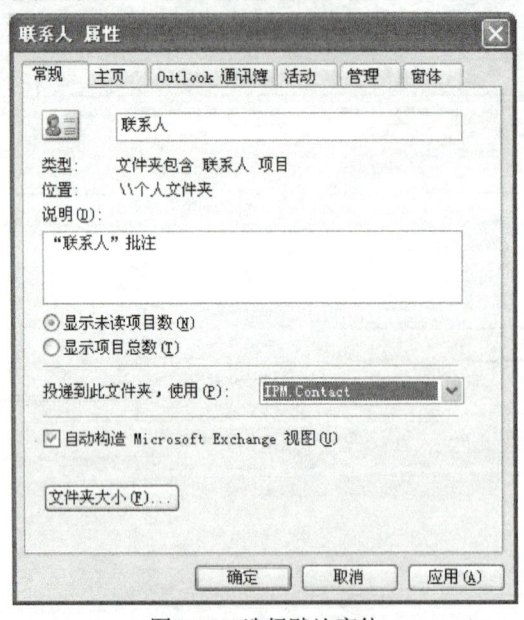

图4-21 选择默认窗体

(3) 现在再新建联系人时,Outlook就会自动启用带有【客户行业】的联系人窗口了。

3. 跟踪与客户的往来业务

Outlook中【联系人】的【活动】选项卡能够自动记录用户和联系人之间的所有信息。

第四单元 收集物流客户信息和档案管理

在【显示】下拉列表中,可以选择需要显示的用户与联系人之间的活动信息。但【显示】下拉列表中供用户选择的项目有【便笺】、【电子邮件】、【即将开始的任务/约会】、【日记】和【所有选项】等选项,如图4-22所示。

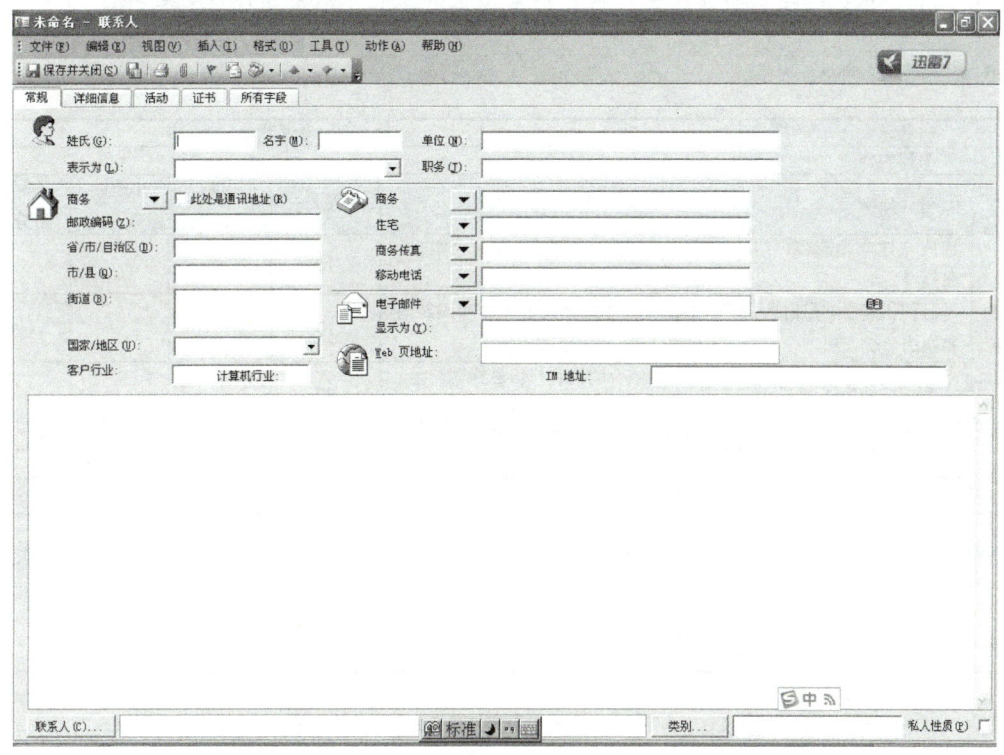

图4-22 使用自定义的窗体填写客户信息

能力培养与训练

实训活动:通过Outlook软件建立物流客户信息档案

【活动目的】

通过Outlook软件来管理物流客户信息,建立物流客户资料档案,设计【联系人】窗体。

【活动组织】

本实训活动地点在多媒体教室。把同班同学资料作为物流客户,建立物流客户资料档案。

【活动步骤】

1. 课前收集各类客户基本资料,可以把同班同学作为物流客户。
2. 根据所收集资料,通过Outlook软件建立物流客户资料档案。
3. 学生展示,相互评价。
4. 教师进行总结。

【活动内容】

假设以全班同学作为物流客户,建立物流客户资料档案。本实训活动需要一定的计算

物流客户服务

机知识,需要学生认真学习,反复练习,努力完成实训活动。

【考核要求】

通过Outlook软件建立的物流客户资料档案完整,【联系人】窗体设计合理。

实训评价

被考评人			考评地点			
考评内容						
考评指标		考评标准	分值/分	自我评价/分	小组评议/分	实际得分/分
专业知识技能掌握	人工建立物流客户信息档案	掌握人工建立物流客户信息档案的方法	10			
	计算机建立客户信息档案的一般方法	掌握设计【联系人】窗体和跟踪与客户的往来业务的方法	10			
	实训活动情况	能人工建立物流客户信息档案,会用计算机建立客户信息档案	40			
通用能力培养	出勤	按时到岗,学习准备就绪	10			
	道德自律	自觉遵守纪律,有责任心和荣誉感	15			
	学习态度	积极主动,不怕困难,勇于探索	15			
	合计		100			
考评辅助项目					备注	
团队之星						
团队互评						

注:1. 实际得分=自我评价×40%+小组评议×60%。

2. 考评满分为100分,59分及以下为不及格;60~74分为及格;75~84分为良好;85分及以上为优秀。

3. "团队之星"可以是本次实训活动中突出贡献者,也可以是进步最大者,还可以是其某一方面表现突出者。

4. "团队互评"是由评审团讨论后为各组给予的最终评价。评审团由各组组长组成。当各组完成实训活动后,各组组长先组织本组内部进行商议,然后各组组长将意见带至评审团,评价各组整体工作情况,将各组互评分数填入其中。

拓展提升

建立物流客户资料库

物流企业要根据已有资料和调查资料建立潜在客户、现实客户档案,记录相关资料和服务情况。完善的客户资料是公司的宝贵财富,不仅可以更好地为客户服务,而且对公司的决策具有重要意义。

一、物流客户资料库

1. 物流客户资料的内容

(1)客户原始资料,具体包括个人或组织资料、交易关系资料等。

(2)统计分析资料,包括客户对企业的态度和评价、履行合同的情况与存在的问题、与其他竞争者的交易情况。

(3)物流企业投入记录,主要包括与企业进行联系的时间、地点、方式、费用开支记录,提供产品和服务的记录,为争取和保持客户所付出的费用等。

第四单元　收集物流客户信息和档案管理

2．物流客户资料库的形式

物流客户资料库的形式一般有物流客户名册、物流客户资料卡和物流客户数据库。

（1）物流客户名册是有关企业客户情况的综合记录。物流客户名册由客户登记卡和物流客户一览表组成。物流客户登记卡主要是物流客户的基本情况；物流客户一览表是根据物流客户登记卡简单而综合地排列出物流客户名称、地址等内容的资料库。

（2）物流客户资料卡一般分为潜在客户资料卡、现在客户资料卡和过去客户资料卡。

（3）物流客户数据库是近几年在大型企业中出现的客户资料保存形式。

3．物流企业客户分类管理

由于物流企业客户数量较多，客户性质不同，物流客户服务需要对物流客户进行分类管理。根据客户业务量大小，进行ABC分类管理。A客户为大客户、重要客户。B客户为次要客户。C客户为一般客户。

二、物流客户档案管理原则

无论采用哪种形式取得的资料，都需要建立物流客户档案并进行管理。物流客户档案只能供内部使用，所以物流客户档案管理应遵循以下原则。

1．集中管理

物流客户资料分散通常有两种情况。一是分散在业务人员手中，二是分散在物流企业各个部门。针对客户资料分散化问题，解决办法就是对客户资料进行集中管理。

2．动态管理

动态管理就是对于物流客户档案信息要不断进行更新。这是因为客户的情况是在不断变化的。

3．分类管理

对客户档案进行恰当的分类，主要是基于客户对物流企业的重要性和客户档案管理费用进行的考虑。

模块三　分析物流客户数据

模块描述

掌握物流客户信息后，就要分析这些物流客户信息，以便及时掌握物流客户情况，并对物流客户进行相应的管理，不断把潜在客户变为现实客户。

模块目标

知识目标

1. 掌握物流客户信息的分析方法。
2. 掌握潜在物流客户的选择方法。
3. 掌握物流客户价值的分析方法。

4 物流客户服务

能力目标

1. 能正确分析物流客户信息。
2. 能找出潜在物流客户。
3. 能分析物流客户价值。

素质目标

勇于探索，不怕困难，积极主动，踏实工作，遵守法律法规，责任心和荣誉感强，具有团队合作精神。

情景导入

联邦快递需要建立客户资料库对客户进行分析，以便更好地为客户服务，发展企业，提高企业效益。

联邦快递利用RFM的变化来评断客户的贡献额，计分的方法如下。

将单一客户过去3个月内消费金额乘以2，再加上过去3至6个月间该客户的消费金额，接下来联邦快递利用DataMining中的Cluster分析，将所有客户分为七大族群，每个族群再依贡献额细分为10等分，这7大族群分别是：

（1）贡献额最高的10%稳定客户群。
（2）过去六个月流失的中贡献额客户群。
（3）低贡献额的季节性客户群。
（4）高贡献额的成长客户群。
（5）中贡献额的稳定客户群。
（6）低贡献额且在过去六个月内的流失客户群。
（7）低贡献额但刚恢复交易的客户群。

联邦快递研究观察在过去的两年内，客户如何在7个族群中移动，以及客户如何在10等分内上下移动，一旦有任何的行为模式被分析出来，联邦快递便针对每一个族群发展一套客户策略。

最顶尖的10%稳定客户群，是最佳而且是最有价值的客户，联邦快递的策略就是想尽办法留住他们，对他们提供最好的服务，以避免这群客户的流失。

高贡献额的成长客户群是指消费金额成长超过15倍的客户们，联邦快递投入营销预算找出导致他们成长的原因，以协助其他客户提高贡献额。

过去六个月流失的中贡献额客户群是指在过去六个月贡献额降低90%的客户，这群转身而去的客户让联邦快递损失许多应得的利润，因此必须找出什么地方出错。联邦快递透过电话营销与客户沟通来调查原因，以挽回客户的心。

找出季节性的低贡献额客户群是非常有用的，因为这些客户只在一年的某些季节交易，花费营销预算去刺激他们在其他时期交易是十足的浪费。

我们在数据库分析的同时，也可以参考联邦快递的做法，将客户分为不同特性的族群，并且针对族群特性制订相对应的营销策略，这样分析数据库才能对企业产生更多实在的效益。

根据美国数据库营销研究所的研究，客户数据库中有三个神奇的要素。这三个要素构

第四单元　收集物流客户信息和档案管理

成了数据分析最好的指标：最近一次消费（Recency）、消费频率（Frenquency）、消费金额（Monetary）。而其中，最近一次消费是最有力的预测指标。

问题：联邦快递是如何分析客户贡献额的？联邦快递将所有客户分为哪几类？联邦快递是如何对分类后的客户进行管理的？

知识储备

对客户资料进行分析，可以得到企业的客户结构，有助于寻找、开发潜在客户，并通过对潜在物流客户开发及物流客户价值分析，把潜在客户变为现实客户。

物流客户信息主要是针对以下几个方面进行的。

一、客户构成分析

1. 经营业绩分析

物流客户服务人员可以通过客户资料，对客户的贡献进行对比分析，从而确定重点客户。

2. 划分客户等级

依据客户的业务额，可以将客户分为A、B、C三级。可以将客户连续三个月的每月销售额累计后求出客户的月平均销售额，作为客户的业务额，以此对客户进行划分。

3. 客户名册

将全部客户分级后应分列成册。可以按客户开拓的先后顺序排出"客户名册"；按客户的资信或业务额排出"客户等级分类表"，见表4-2；按客户的地址排出"客户地址分类表"，见表4-3。

表4-2　客户等级分类表

等级	项目			
A级	业种			
	客户			
B级	业种			
	客户			
C级	业种			
	客户			

表4-3　客户地址分类表

地区：					
			负责人：		
序　号	客户名称	地　　址	业务类别	不宜访问时间	备　注

物流客户服务

4. 对客户进行区域分析

为便于客户管理,将客户按地区和最佳交通路线划分为若干区域并由专人管理。

5. 确定客户访问计划

客户访问工作应有周密的访问计划,访问次数因客户的不同而有所不同。

二、客户对企业的利润贡献分析

客户资产回报率是分析企业从客户处获利多少的有效方法之一。通过这一指标的分析,可以具体了解这种差距产生的原因,并采取相应措施。一般可以通过以下几个指标来衡量。

1. 积极性

积极性不仅表现在态度上,还通过资金的支付、人员的准备等行动表现出来。评价客户积极性要细心全面地观察,谨防虚假的积极性。

2. 经营能力

衡量客户业务大小,常用经营手段灵活性、分销能力、资金充足程度等指标来衡量。

3. 信誉

信誉是合作的基础。对于信誉,一是不能超出客户的能力范围;二是不能单看一时、一事,要用发展的眼光对其进行考察。

4. 社会关系

社会关系是影响客户经营状况的主要因素之一。社会关系主要包括家庭关系和社会地位这两个方面。

除上述指标外,还可以从管理水平、服务能力及与本企业的关系等方面对客户进行评价。好的客户会给企业带来很大的利润,差的客户会给企业带来很大的风险,建立客户评价指标,可以从中选择好的客户,淘汰差的客户,培养更多良好的客户。

三、物流客户价值分析

物流客户价值是指物流企业对物流客户的投入成本与得到的实际收入之间的差额。

物流客户对于物流企业利润的贡献可以分为导入期、快速增长期、成熟期和衰退期。物流客户的价值由三部分构成:历史价值、当前价值、潜在价值。

1. 历史价值

历史价值,即到目前为止已经实现了的物流客户价值。历史价值很高的客户可以作为关系客户处理。

2. 当前价值

当前价值,即如果客户当前行为模式不发生改变的话,将来会给企业带来的客户价值。

(1)客户价值=(基本利润+成本节约+推荐价值)-(企业获取成本+额外价值付出+

第四单元 收集物流客户信息和档案管理

推荐破坏成本)。其中,基本利润指某段时期企业为某一顾客所获得各项收入之和。成本节约指忠诚客户不需要企业对其进行过多的成本付出,成本节约实质上是对物流企业的另一种贡献。推荐价值指客户向其他客户推荐本企业的产品和服务,这不仅增加了企业的收入,同时减少了成本开支。

物流企业获取成本指企业为获取某一客户所花费的广告费、维护费等总和。额外价值付出是物流企业为了获取或维护重要客户而额外支付的成本,如价格优惠等。推荐破坏成本指当某一客户因不满企业的产品或方法,向其他潜在客户和现实客户发泄不满,造成企业损失。

(2)客户价值分析的方法。

1)识别有价值客户的方法有很多,彼得·切维顿提出来一种比较实用的工具:关键客户识别和选择矩阵,如图4-23所示。

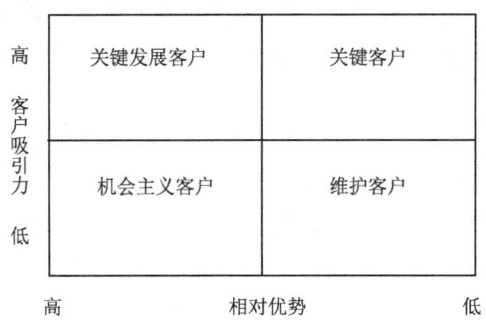

图4-23 关键客户识别和选择矩阵

该矩阵通过两个因素对客户进行分析。客户吸引力是指客户或潜在客户什么地方吸引物流企业。相对优势是指相对于企业的竞争对手,物流企业有什么地方吸引客户。

根据关键客户识别和选择矩阵,物流企业可以将客户分为四种类型:关键客户、关键发展客户、维持客户、机会主义客户。

① 关键客户。物流企业与关键客户之间相互看重。物流企业应更多地分配资源发展这种关系,保证人力和时间的投入;物流企业应建立一个关键客户团队,专门负责了解客户需求,调整物流企业内部业务流程。

② 关键发展客户。关键发展客户是那些物流企业积极争取但尚未获得任务的客户。物流企业要研究客户需求,对这些客户同样需要投入大量资源,但投资的回报速度相对较慢。

③ 维持客户。这些客户必须保持,但对他们进行管理的时候要想着如何从他们身上撤出资源,投向关键客户和关键发展客户。

④ 机会主义客户。对于这些客户,物流企业不能轻率地向他们作出无法兑现的承诺。欢迎他们的光顾,但要谨记自己的目标,即从他们身上获取收入。

2)客户价值分析的实质就是对客户价值进行计算,其价值就是客户每年为物流企业创造利润的折现之和,减去企业获取和维系客户的成本。即:

$$LV = \sum_{t=0}^{T} [(Q_t - C_t) \times (1+i)^{-1}]$$

式中 LV——客户价值;

物流客户服务

T——客户与企业进行业务关系的年数；
Q_t——第t年客户为企业创造的利润；
C_t——第t年企业为获取和维护客户的成本；
i——必要收益率。

应该指出：①这一公式之所以没有考虑"成本节约"和"推荐价值"这两个指标，是为了加强公式的适用性和可操作性。②关于"企业获取和维系客户成本"，一般是计算各类客户平均值，即企业支付获取和维系各类客户总成本除以客户总数。

3．物流客户潜在价值

物流客户潜在价值是指物流客户未来可能给企业带来的利润，可以分成两部分来分析。一是基本价值，即客户的财富水平、收入水平等影响客户终身价值的个人因素；二是成长价值，指随着时间的推移，客户价值的变化情况。一般来说，物流客户的潜在价值来自以下几个方面。

（1）客户重复购买，指客户增加已购买产品的交易额。
（2）客户交叉购买，指客户购买已购产品的相关产品。
（3）客户向上购买，指客户购买已购产品的升级品、附加品。
（4）推荐新客户，指企业的忠诚客户把一些潜在客户推荐给本企业，也包括为企业传递好口碑。

随着时间的推移，重复购买者或忠诚客户的敏感性降低，从而使企业成本降低。

能力培养与训练

实训活动：物流客户价值分析

【活动目的】

运用物流客户价值分析方法，分析物流客户价值。

【活动组织】

学生5～7人一组，分成若干小组，确定一名组长

【活动步骤】

1．各小组运用所学，分析物流客户价值。
2．各小组展示，互相点评。
3．教师进行评价和总结。

【活动内容】

合理运用物流客户价值分析方法，正确分析张先生的物流客户价值。

张先生经营一家物流公司，为了节省开支，他决定要淘汰部分未来价值不高的客户。市场分析人员交给了张先生三类客户的名单：第一类客户在过去几年内光顾过公司多次，

第四单元　收集物流客户信息和档案管理

但是业务数量极少；第二类客户只光顾过一次，但是业务数量很大；第三类客户和公司有着长期的，但是零星的业务关系。张先生陷入了困境！

问题：究竟该淘汰哪一部分客户呢？如何从这些资料中判断客户的未来价值呢？

【考核要求】

1. 对于发言的学生要给予鼓励，并要求其运用所学正确分析张先生的物流客户价值。
2. 要求学生认真倾听并加以分析。

实训评价

被考评人			考评地点		
考评内容					
考评指标		考评标准	分值/分	自我评价/分	小组评议/分	实际得分/分
专业知识技能掌握	客户构成分析	掌握客户构成的内容	10			
	客户对企业的利润贡献分析	掌握客户对企业的利润贡献衡量指标	10			
	物流客户价值的分析方法	掌握物流客户的价值构成和客户价值分析的方法	10			
	实训活动情况	正确分析客户对企业的利润贡献和客户价值	30			
通用能力培养	出勤	按时到岗，学习准备就绪	10			
	道德自律	自觉遵守纪律，有责任心和荣誉感	10			
	学习态度	积极主动，不怕困难，勇于探索	10			
	团队分工合作	能融入集体，愿意接受任务并积极完成	10			
合　计			100			
考评辅助项目					备　注	
团队之星						
团队互评						

注：1. 实际得分=自我评价×40%+小组评议×60%。
　　2. 考评满分为100分，59分及以下为不及格；60~74分为及格；75~84分为良好；85分及以上为优秀。
　　3. "团队之星"可以是本次实训活动中突出贡献者，也可以是进步最大者，还可以是其他某一方面表现突出者。
　　4. "团队互评"是由评审团讨论后为各组给予的最终评价。评审团由各组组长组成。当各组完成实训活动后，各组组长先组织本组内部进行商议，然后各组组长将意见带至评审团，评价各组整体工作情况，将各组互评分数填入其中。

拓展提升

分析潜在物流客户的流程

1. 正确选择市场范围

物流企业根据自身的经营条件和经营能力确定进入市场的范围，如进入什么行业、

4 物流客户服务

提供什么服务。

2．列出市场范围内所有潜在客户的需求情况

根据细分标准，比较全面地列出潜在顾客的基本需求，作为以后深入研究的基本资料和依据。

3．分析潜在客户的不同需求并初步划分市场

将所列出的各种需求通过抽样调查进一步搜集有关市场信息与客户背景资料，然后初步划分出一些差异最大的细分市场，至少从中选出三个细分市场。

4．筛选

根据有效市场细分的条件，对所有细分市场进行分析研究，剔除不合要求、无用的细分市场。

5．为细分市场定名

为便于操作，可结合各细分市场上客户的特点，用形象化、直观化的方法为细分市场定名。

6．复核

进一步对细分后选择的子市场进行调查研究，充分认识各细分市场的特点以及所开发的细分市场的规模、潜在需求等。

7．选定目标市场并决定细分市场规模

在各子市场中选择与本企业经营优势和特色相匹配的子市场，作为目标市场。

综合训练

一、知识部分

（一）填空题

1．寻找客户的程序是_____、_____、_____和_____。
2．物流客户档案管理应遵循的原则是_____、_____和_____。
3．客户对企业的利润贡献衡量指标有_____、_____、_____和_____。
4．物流客户的价值由_____、_____和_____三部分构成。
5．一般地，物流客户的潜在价值来自_____、_____、_____、_____和_____。

（二）简答题

1．简述寻找客户的原则。
2．寻找物流客户的方法是什么？
3．建立数据库的常用方法是什么？

第四单元 收集物流客户信息和档案管理

4. 建立物流客户信息档案的方法有哪些？
5. 物流客户价值分析的方法有哪些？
6. 物流客户的潜在价值有哪些？

（三）案例分析题

北京UPS国际快递是如何管理快递客户的？

1．提供个性化服务

对客户使用"一对一营销"和个性化服务，从而提高客户的满意度、忠诚度，其具体内容是通过一定的技术手段对呼叫中心或在线网站提供实时支持，搜集客户数据，识别、区分、理解客户，把握客户个性化需求，针对不同客户采取不同的策略。

2．资料的收集与分析

北京UPS国际快递对于客户资料的分析结果，可以帮助企业识别ABC类客户。客户分析能力的基础就是客户数据的收集和分析。

3．建立企业和客户的信息交流平台

企业与客户之间双向的信息交流平台，可以实现双向的联系，互相影响。客户关系管理就是客户交流信息的过程，也是实现有效的信息交流和保持与客户良好关系的途径。一方面，企业组织通过现代技术手段，及时将企业产品与服务信息提供给客户，给客户以技术支持与良好售后服务。另一方面，从客户那里收集到重要的信息。

4．和客户建立多种沟通渠道

（1）建立现代呼叫中心，为客户提供每周7天、每天24小时的全天候服务；为客户提供包括传统的语音、免费电话、电子邮件、传真等在内的多种通信方式选择；维护客户忠诚度，让客户感受到价值。

（2）建立基于互联网的自助服务网站，通过提供客户网上咨询、网上投诉等服务，及时为客户排忧解难，进一步保持客户的忠诚度。

问题：北京UPS国际快递是如何管理快递客户的？如何搜集信息的？如何与客户沟通的？

二、技能训练

1. 建立一个名为"学生"的本班同学信息数据库，在数据库中建立三张表。

表4-4 学生

姓　名	性　别	年　龄	团　员	出生日期	备　注

4 物流客户服务

表4-5　课程

课程号	课程名	时间	地点	教师	备注

表4-6　学习成绩

姓名	语文/分	数学/分	英语/分	计算机/分	体育/分	书法/分	总分/分	平均分/分

2. 建立"物流信息"数据库，并将物流部门资料填入表4-7中。

表4-7　物流部门资料

编号	员工岗位	部门编号	部门名称	项目编号	项目名称	性别	密码	操作级别	备注
0001	初始员	00	超级部门	0000	所有项目	女		00	
0101	商务	01	商务	0100	商务项目	女		00	
0201	国内运输	02	运输	0201	国内	女		00	
0202	中港运输	02	运输	0202	中港	女		00	
0301	管理员工	03	管理	0300	管理项目	男		00	
0401	仓库	04	仓库	0400	仓库项目	女		00	

3. 设计一个项目："学校管理系统"，在这个项目中建立两个数据库：教师管理数据库、学生管理数据库。在"教师管理系统"数据库中建立两个数据库表文件：教师资料表.dbf、教师档案表.dbf。在"学生管理系统"数据库中建立30个教学班学生情况表，如2014-3班学生情况表.dbf。

设定一个文件的存放位置，在D盘的根目录下建立"学生数据库练习"文件夹，将项目文件"学校管理系统.pjx"、数据库文件"教师管理系统.dbc"、数据库表文件"教师资料表.dbf"、"教师档案表.dbf"等全部存放在"D:\学生数据库练习"中。

单元内容

第五单元 办理客户订单业务与处理客户投诉

模块一 处理电子订单业务
模块二 办理订单查询业务
模块三 受理物流客户投诉
模块四 处理物流服务事故

第五单元 办理客户订单业务与处理客户投诉

订单处理是物流的重要流程，可以改善订单处理过程，缩短订单处理周期，提高订单满足率与供货正确率，提高客服水平的同时降低物流总成本，确保企业竞争优势。

物流企业应正确看待客户投诉，将客户投诉转变为企业收益，使企业及时发现并修正产品或服务中的失误，开创新商机，帮助企业建立和巩固自身的形象。

物流客户服务

模块一　处理电子订单业务

模块描述

电子订单是指以数字化方式进行存放和传输的用以订购商品的数据或者合同，是传统纸介质订单的电子化形式。电子订单突破了距离的限制，减少了供需双方的工作量，缩短了采购时间，提高了采购效率，节省了人力。随着技术的不断进步，电子采购正在逐步由部分电子化订单向完全电子化订单的方向发展。

模块目标

知识目标
1. 掌握电话订单业务的受理流程。
2. 熟悉网上订单业务的内容。
3. 熟悉网上订单业务的受理流程

能力目标
1. 正确受理电话订单业务。
2. 会填写网上订单的内容。
3. 会正确处理网上订单业务。

素质目标
热情大方、工作细致、文明礼貌、培养职业化的工作态度。

情景导入

张先生从武汉托运一批货物到福州，他想知道运费及运送时间，于是他登录某物流公司的网站了解情况。

问题：张先生在该物流公司的网站上应该如何下订单？该物流公司的网上业务该如何开展，以便张先生处理业务？

知识储备

处理电子订单业务最常见的两种主要方式是电话处理和网上处理，为满足不同客户的不同需求，作为物流公司的客服人员应该熟悉电话订单业务的流程和网上订单业务的流程。

一、电话受理托运业务

1. 电话服务基本功能

电话服务指客户服务人员在最短的时间内处理尽可能多的用户呼叫，包括业务受理、咨询、投诉、查询等。按照使用的功能主要分为接入和外呼两种。

第五单元　办理客户订单业务与处理客户投诉

（1）接入即接听电话，接受客户下单、电话咨询及处理客户投诉建议等。

（2）外呼是通过系统主动拨打客户电话，进行电话营销或客户回访，提升企业形象，提高营销效率等。

2. 电话订单业务的受理

（1）电话订单业务的受理流程，如图5-1所示。

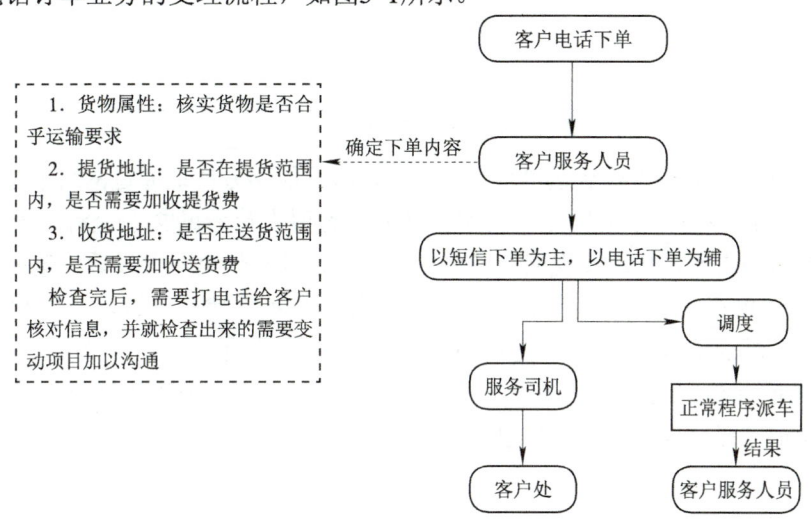

图5-1　电话订单受理流程

（2）受理流程的要点。客户服务人员在接到客户电话下单时首先应了解并核实以下内容，见表5-1。

表5-1　电话下单内容

要　素	说　明
提货联系人	用于司机提货。客户报姓名，客服人员称呼"××先生或××小姐"
提货电话	很重要，用于提货时联系
货物属性	（1）货物名称、数量、体积、重量，超长、超重货物不予运输 （2）属于禁运、裸装的货物直接告诉客户不能托运 （3）货物是新货还是旧货，旧货不予保价 （4）有无包装
提货地址	很重要。详细地址，用于提货
目的地	很重要。详细地址，用于送货
运费结算方式	很重要。关系到提货时是否需要收取运费
提送货费	很重要。关系到提货时是否需要收取
客户下单时间	以最终下单短信发出时间为准

（3）通过电话受理客户的货品托运业务时，要遵守接听、拨打电话的礼仪和流程。

二、处理网上订单

为了提供给客户更快捷的服务，物流公司的网站应突出网上业务的内容，以满足不同客户的不同需求，作为物流公司的客服人员应非常熟悉网上订单业务的流程。

1. 网上业务的内容

目前越来越多的物流公司都开展了网上业务，图5-2展示了某物流公司的网上业务界面。

物流客户服务

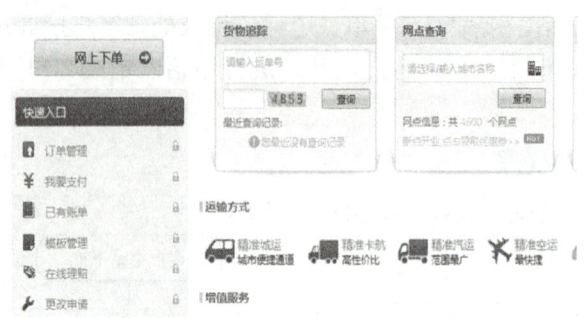

图5-2 某物流公司的网上业务界面

（1）网上下单。提供在线货运单填写功能，使客户能够方便地通过网络下单。

（2）网上在线服务。借助网上在线服务功能，客服人员借助文字交流，就可以实现与客户的实时交流与沟通，从而实现网上下单、网络查询以及收集网上投诉与建议的功能。

（3）网上订单查询。提供专门的查询通道，使客户不用拨打电话就可以知道货物的实时状态与位置，减少了客服人员工作量，同时增强了客户体验。

（4）网上投诉与建议。除了在线服务平台功能之外，客户还可以通过网站设立的专门投诉与建议通道来提交自己的投诉与建议内容。

2. 网上订单业务的受理

（1）网上订单业务的受理流程，如图5-3所示。

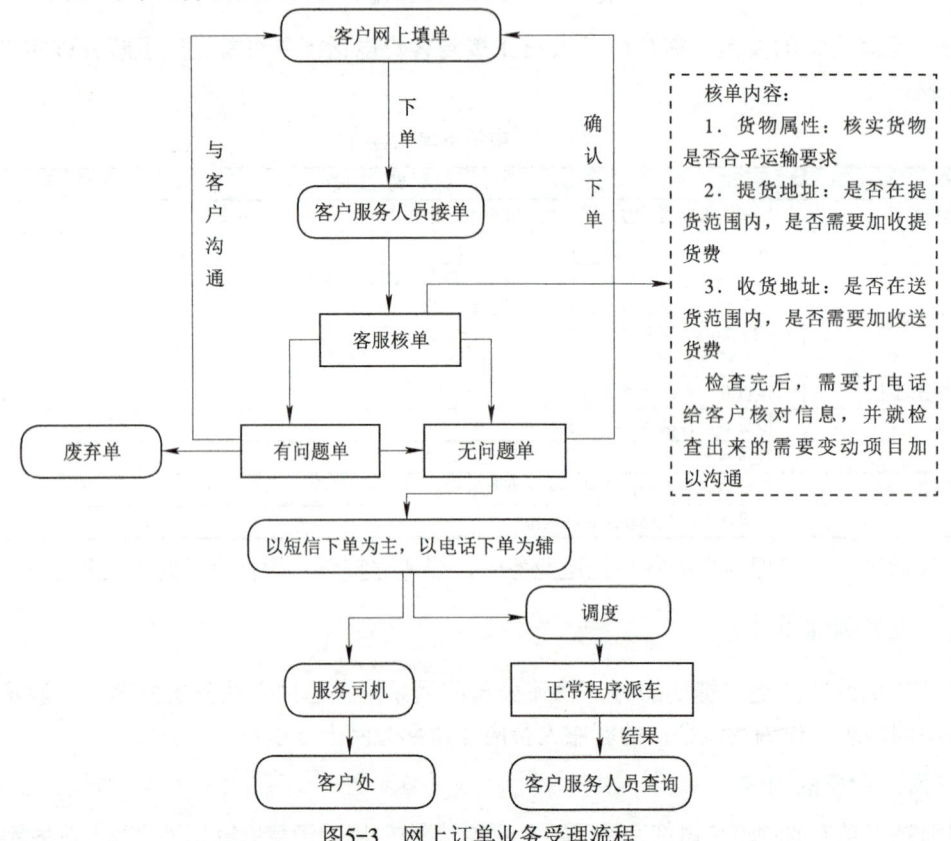

图5-3 网上订单业务受理流程

第五单元　办理客户订单业务与处理客户投诉

（2）网上订单受理流程的要点。

1）客户网上下单。客户在公司网站直接下单后，网站会要求客户填写货运单，包括以下信息：发货联系人、发货人电话、货物属性（重量、体积等）、提货地址、收货人姓名、收货地址、收货人电话、运费结算方式等，如图5-4所示某物流公司的网上订单界面。

图5-4　某物流公司网上订单界面

2）客户服务人员核单。客户下单后，客服人员会在客户服务系统看到客户所下的订单，客服人员需要对收到的订单做相应的审核。

3）与客户沟通。审核订单后，不论有无问题，客服人员都要打电话和客户沟通。如订单有问题，则就问题进行沟通，沟通后由于客户原因不能解决的，则此单作废。如订单无问题，则确认下单。

三、电子订单的优势与不足

1. 电子订单的优势

（1）电子订单是以数字化方式存放在计算机及其附属存储设备中的，企业的商品信息和客户信息也存储在计算机中。这样，供应商很容易查看自己的商品信息和客户信息，客户在订购商品时不需要再提交申请，可以直接下单，这就大大减少了供应商和采购商的工作量，缩短了采购时间。

（2）电子订单主要通过互联网、专用增值网等计算机网络进行传输。采购的相关信息

物流客户服务

在以太网上以光速传播,完全突破了距离的限制,从而大大提高了采购的效率。

(3)电子订单的处理需要很少的人力,尤其是在完全电子化采购形式下几乎不需要人员处理订单,只要有几名专业的计算机维护人员就可以了。

2. 电子订单的不足

电子订单给企业带来很大的便利,然而电子订单并不是完美无缺的,电子商务自身的安全问题和技术要求给电子订单的使用带来了一定的麻烦。

(1)电子订单的管理。由于订单里面的信息均涉及商品的价格、性质、规格、型号等的关键信息,特别是商品的价格信息在每个企业看来均属于商业机密,因此必须对企业的订单信息进行有效管理。对于电子订单的管理就是对数据库中特定(存储电子订单)数据表格的管理,不同于传统的纸介质文件。

(2)网络安全问题。这也是影响电子商务广泛应用的首要问题,如计算机病毒的侵扰、来自黑客的攻击等。

(3)技术要求较高。企业要运用电子订单,实施电子采购首先要掌握XML技术,达到基于ebXML的行业标准,这给一些非常传统、计算机技术不高的企业带来了难度。为了应对互联网带来的安全问题,企业必须掌握足够的安全技术手段。例如,防火墙、数据加密、信息加密、身份认证、电子商务安全协议等。但这些技术并不能保证信息的绝对安全。要保障电子订单的安全,不仅要依靠技术的提升,更重要的是要建立一个完整的综合保障体系,从技术、管理和法律等方面综合提升才能让电子采购系统在我国发挥更大的作用。

能力培养与训练

实训活动一:电话下单模拟

【活动目的】

学会正确受理电话订单业务。

【活动组织】

根据性格特征与特长分组,2人分为一组。

【活动步骤】

1. 教师介绍本实训活动的内容、要求及注意事项。
2. 各小组分工合作完成任务。
3. 各小组进行成果展示交流。
4. 教师进行评价和总结。

【活动内容】

根据下面的任务,模拟电话下单业务。

学生2人一组,1人扮演物流公司客户服务人员,1人扮演物流客户,物流客户向客服人

第五单元　办理客户订单业务与处理客户投诉

员打电话办理货物托运业务。

【考核要求】

项　目		具 体 内 容	具体改进计划
要点1	铃响接电话	◇电话铃响三声内是否及时接听电话 ◇是否准备好记录用的纸和笔	
要点2	自我介绍	◇是否自我介绍 ◇是否及时问好	
要点3	交谈	◇是否准确判断客户电话内容 ◇是否认真聆听 ◇用语是否规范准确	
要点4	记录	◇记录是否准确 ◇是否及时复述客户关键信息	
要点5	结束	◇是否确认客户电话内容 ◇是否感谢客户来电	

实训活动二：浏览物流公司网站

【活动目的】

熟悉物流公司网上业务的内容，会填写网上运单。

【活动组织】

安排学生到有网络的机房上课，一人一台计算机。

【活动步骤】

1. 教师介绍本实训活动的内容、要求及注意事项。
2. 个人完成任务。
3. 进行成果展示交流。
4. 教师进行评价和总结。

【活动内容】

浏览某物流公司的网站，观察该物流公司的网上业务内容，浏览该公司的网上运单格式内容，就某问题与在线客服沟通联系，并对该公司的网站建设提出合理建议。

【考核要求】

项　目		具体项目
要点1	网上业务内容	
要点2	网上运单内容	

5 物流客户服务

实训评价

被考评人			考评地点		
考评内容					
考评指标		考评标准	分值/分	自我评价/分	小组评议/分	实际得分/分
专业知识技能掌握	会通过电话受理客户的货品托运业务	掌握电话服务基本功能,能正确受理电话订单业务	15			
	能处理网上订单	掌握网上业务的内容,能正确受理网上订单业务	15			
	实训活动情况	正确受理电话订单业务,正确填写网上运单	25			
通用能力培养	出勤	按时到岗,学习准备就绪	10			
	道德自律	自觉遵守纪律,有责任心和荣誉感	10			
	学习态度	积极主动,不怕困难,勇于探索	10			
	团队分工合作	能融入集体,愿意接受任务并积极完成	15			
合 计			100			
考评辅助项目				备 注		
团队之星						
团队互评						

注:1. 实际得分=自我评价×40%+小组评议×60%。
　　2. 考评满分为100分,59分及以下为不及格;60~74分为及格;75~84分为良好;85分及以上为优秀。
　　3. "团队之星"可以是实训活动中突出贡献者,也可以是进步最大者,还可以是其他某一方面表现突出者。
　　4. "团队互评"是由评审团讨论后为各组给予的最终评价。评审团由各组组长组成。当各组完成实训活动后,各组组长先组织本组内部进行商议,然后各组组长将意见带至评审团,评价各组整体工作情况,将各组互评分数填入其中

拓展提升

常用的网络沟通工具

一、网上信息回复

(1)判断客户问题类别,根据公司要求的样板信息回复。
(2)信息回复要及时。
(3)信息回复要注意礼貌用语。
(4)重要客户及突发问题要及时上报上级领导。
(5)登记客户信息。

二、常用的网络沟通工具

1. 在线客服系统

在线客服系统是一种网页版即时通信软件的统称。相比较其他即时通信软件(如QQ、MSN等),它能够实现和网站的无缝结合,为网站提供和访客对话的平台;网站访客无需安装任何软件,即可通过网页进行对话。图5-5为某物流公司的客服系统。

第五单元　办理客户订单业务与处理客户投诉

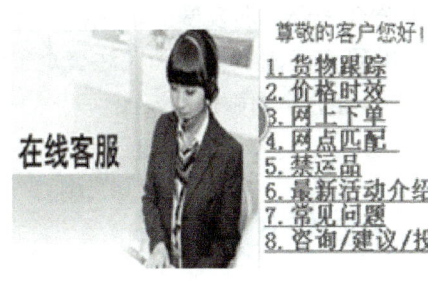

图5-5　某物流公司的客服系统

2．电子邮件系统

电子邮件简称E-mail，它是一种用电子手段提供信息交换的通信方式，是互联网应用最广的服务，通过网络的电子邮件系统，用户可以以非常快速的方式与世界上任何一个角落的网络用户联系，用户可以得到大量免费的新闻、专题邮件，并实现轻松的信息搜索。图5-6为电子邮件界面。

图5-6　电子邮件界面

3．腾讯QQ

腾讯QQ是腾讯公司开发的一款基于Internet的即时软件，腾讯QQ支持在线聊天、视频、点对点断点续传文件、共享文件、网络硬盘、自定义面板、邮箱多种功能，并与可移动通信终端等多种通信方式相连。

4．MSN

MSN（Microsoft Service Network）是一个出自微软的即时通信工具，在同一个对话框中可同时与多个联系人进行聊天，使用此免费程序可拨打电话、共享图片或其他任务文件等。

5．微信

微信是腾讯公司于2011年1月21日推出的一个为智能手机提供即时通信服务的免费应用程序。微信支持跨通信运营商、跨操作系统平台，通过网络快速发送免费语音短信、视

5 物流客户服务

频、图片和文字（需消耗少量网络流量），提供公众平台、朋友圈、消息推送等功能，用户可以通过摇一摇、搜索号码、附近的人、扫二维码方式添加好友和关注公众平台，同时微信可以将内容分享给好友以及将用户看到的精彩内容分享到微信朋友圈。

模块二 办理订单查询业务

模块描述

客户对企业的业务往往不清楚，因此需要对计费标准、运输时间等方面进行询问。而为了跟踪货物信息，客户能即时掌握货物的运动状态，物流公司必须给客户提供简单快捷的查询方式，帮助客户轻松查询货物的物流信息，这些服务都能提高企业的竞争力。

模块目标

知识目标

1. 了解订单查询的方式。
2. 了解订单查询的类型。
3. 掌握订单查询的处理。

能力目标

1. 会用不同的查询方式查询订单。
2. 能处理不同类型的订单查询问题。

素质目标

耐心细致、文明礼貌、踏实肯干、爱岗敬业。

情景导入

曹先生于2014年1月12日在西安通过某物流公司寄送一批货物到重庆，可是到了1月16日，他的客户还没收到该批货物。于是，曹先生17日打电话向该物流公司询问情况。

问题： 请问该公司的客服人员应该如何处理？

知识储备

作为物流公司的客户服务人员，要熟悉客户查询订单的方式，并能正确处理客户查询的各种问题，而客服人员是否能及时处理问题将直接影响到客户对公司的印象。

一、订单查询方式

一般来讲，客户查询订单的方式主要有四种，见表5-2。

第五单元　办理客户订单业务与处理客户投诉

表5-2　查询方式

查询方式	含　义	时　效　性
电话查询	客户直接拨打客服电话查询	实时查询，客户即问即可以知道结果
在线平台查询	客户通过网络在线交流平台进行查询	实时查询，客户即问即可以知道结果
订单查询系统	客户通过订单查询系统进行查询	实时查询，客户即问即可以知道结果
网站留言查询	客户通过在网站留言进行查询	滞后型查询，客户留言后并不能实时得到答复，得到答复的时间取决于客户服务人员是否及时处理网站留言

二、订单查询类型

客户查询订单一般有以下几种类型，见表5-3。

表5-3　客户查询类型

查询类型	说　明
运输时效	客户未发货或已发货但需要知道多久可以到达
发货价格、到货地	客户在发货前需要了解运输价格、目的地是否可以到达
到货时间	客户已发货，急于知道收货人什么时间可以收到货物
货物状态	客户想了解货物目前在什么地方、处于什么状态
其他查询	其他与运输或业务咨询有关的查询

三、订单查询的处理

不论来自于哪一个渠道的查询，客服人员都要耐心解释与回应，并根据不同的查询类型给予不同的处理。

1．运输时间、发货价格、到货地的查询

需要客服人员根据公司关于时效、价格、提送货地域等方面的规定给予客户回复。

【示例】

客户："您好！我有一批货物要从武汉寄到重庆，请问什么时候可以到达？"

客服："您好！请问您托运什么货物？"

客户："50台计算机。"

客服："好的，请您稍等，我帮您查一下，根据我们公司的规定，您这批货物大概需要3～5天时间可以到达！"

客户："好的"。

客服："请问还有什么可以帮助您的？"

客户："那运费怎么算？"

客服："好的，请您稍等，我帮您查一下，您这批货物的运费大概是×××元，具体还要依据货物重量来计费！"

5 物流客户服务

客户:"那好吧!"

客服:"感谢您的来电!"

2. 到货时间、货物状态的查询

客服人员要根据客户提供的运单号在物流系统查询模块有针对性地查询并将结果回复给客户。

【示例】

客户:"你好!我8月25日发了一票货去重庆,我想知道什么时候可以到,我的客人很急!"

客服:"您好!麻烦您将托运单号告诉我,我帮您查一下。"

客户:"单号是755××××××××。"

客服:"好的,请稍等……不好意思,让您久等了。您的货现在正在配送过程中,大概在两个小时后会送到。"

客户:"好的。"

客服:"谢谢您的来电!"

3. 对已发货物的查询

不论查询结果如何,都要将查询结果在相应业务单中作记录。

【示例】

客户:"你好!帮我查一下发货了吗?"

客服:"好的!请提供您货物的运单号。谢谢!"

客户:"运单号是2012×××××××"

客服:"您好!您的订单显示9月1日下午已签收,请您注意查看,请您随时保持电话畅通!如有问题请及时联系我们,谢谢您对我们的支持与关注。"

四、受理查询时应注意的事项

(1)如果客户是实时查询,则在接受客户查询时要留意客户查询的内容并进行有针对性的答复,能当场回复的尽量当场回复,不能当场回复的要与客户讲清楚需要待核实后再做回复。

【示例】

客服:"您好,×××客服,请问有什么可以帮您?"

客户:"我的货物在网上都显示已发送到本地,但是我一直没有收到货物。"

客服:"请提供您的运单号,好吗?"

客户:"运单号是PD7×××。"

客服:"好的!请稍等。您的邮件是寄往学校的,由于学校周末不上班,货物将于下一个工作日第一时间为您安排派送,您看可以吗?"

客户:"哦,那好,谢谢!"

第五单元　办理客户订单业务与处理客户投诉

客服:"不客气。感谢您的来电,请评价本次服务,再见!"

(2)如果客户是非实时查询,则要在受理查询后将结果及时回复客户,回复不得超过受理当天。

能力培养与训练

实训活动:电话查询订单业务

【活动目的】

学会处理订单查询业务。

【活动组织】

根据性格特征与特长分组,2人分为一组。

【活动步骤】

1. 教师介绍本实训活动的内容、要求及注意事项。
2. 各小组分工合作完成任务。
3. 各小组进行成果展示交流。
4. 教师进行评价和总结。

【活动内容】

2人一组进行模拟训练,一人扮演客服人员,一人扮演客户。客户打电话查询托运货物的运费,客服人员能正确处理客户查询,掌握客户查询处理技巧。

【考核要求】

项　目	处 理 方 式	改 进 措 施
客户查询处理		

物流客户服务

实训评价

被考评人			考评地点		
考评内容					
考评指标		考评标准	分值/分	自我评价/分	小组评议/分	实际得分/分
专业知识技能掌握	客户查询方式	掌握电话查询、在线平台查询、订单查询系统、网站留言查询	15			
	客户查询类型	掌握运输时效、发货价格、到货地、到货时间、货物状态及其他查询	15			
	客户查询处理	正确处理运输时效、发货价格、到货地的查询、到货时间、货物状态的查询，对已发货物的查询	25			
通用能力培养	出勤	按时到岗，学习准备就绪	10			
	道德自律	自觉遵守纪律，有责任心和荣誉感	10			
	学习态度	积极主动，不怕困难，勇于探索	10			
	团队分工合作	能融入集体，愿意接受任务并积极完成	15			
合 计			100			
考评辅助项目				备 注		
团队之星						
团队互评						

注：1. 实际得分=自我评价×40%+小组评议×60%。
2. 考评满分为100分，59分及以下为不及格；60~74分为及格；75~84分为良好；85分及以上为优秀。
3. "团队之星"可以是本次实训活动中突出贡献者，也可以是进步最大者，还可以是其他某一方面表现突出者。
4. "团队互评"是由评审团讨论后为各组给予的最终评价。评审团由各组组长组成。当各组完成实训活动后，各组组长先组织本组内部进行商议，然后各组组长将意见带至评审团，评价各组整体工作情况，将各组互评分数填入其中

拓展提升

客服人员回复技巧

一、答复客户咨询技巧

1. 咨询不肯定或不会回答的问题

"对不起！您询问的问题我暂时无法确定，需要查实后再回复您，请您留下联系电话，好吗？我尽快查询后会与您联系，非常感谢您的关注，再见！"切忌"啊"、"噢"或含糊的回答。

2. 客户的要求超出你的工作权限

要耐心听完客户的叙述，不可中途打断客户的话语。你应清楚告知原因，并表示歉

第五单元　办理客户订单业务与处理客户投诉

意,同时要给客户一个解决问题的建议或主动协助解决:"对不起,××先生/小姐,这超出了我的权限范围,虽然我帮不到您,但我会立即将问题反映给上级部门处理,您看这样好吗?"不可这样回答:"我办不了,没办法。"

二、网络客服人员回复技巧

1．感谢对方留言

每一个评论都会给公司带来价值,回答每一个客户的提问,都体现了你作为客服人员的价值,所以一定要以感谢的心态回复,而不是抱着愤怒、厌烦或者无所谓的心态。回复中应该带有感谢的词语,以增强亲切感。

2．确认议题

各种繁杂的商品,可能需要有各种不同的知识背景。因此,当客户表述不清时,请不要以同样含糊的回答蒙混过关,试着和客户沟通,确认需要解决的问题。

3．勇于承认自己的过失

坦诚相对不仅可以安抚人心,也可以避免让对方更加生气。

4．解决问题

客户留言咨询,就是要解决问题,如果暂时不能解决,也需要给双方满意的协商结果。客户留一次言,不是表示你又要多回复一个留言,而是表示要解决一个问题,剩下的问题就会越少。客服人员应该把回复客户当成一种快乐。

5．负起责任

把问题视为己任,必要时寻求资源协助。如果无法解决,可以请你公司同事准备好随时接应。客服人员应该有这样的意识,你是整个交易过程中唯一和客户进行一对一交流的人,因此你代表了公司的形象。

6．快速回复

留下好印象的最佳方式就是在短时间内尽快回复留言,保持留言的重要性。24小时以内的回复是有效的;如果回复时间超过24小时,就表示客服人员工作出现了问题。1小时内的回复是交流,交流是营造优质体验的利器。

7．亲切有礼

以客户该得到的尊重对待他们,以自己希望别人对待自己的方式待人。这是回复客户的关键,亲切是一种态度,态度端正,回复自然会包含亲切的词语,即使客户问了个常识性的问题,也应该有礼貌的回答。

模块三　受理物流客户投诉

模块描述

由于物流企业是一个特殊行业,决定了物流企业日常业务操作中发生客户投诉是不

物流客户服务

可避免的,客户投诉是联系客户和企业的一条纽带,是一条很重要的信息通道,有效处理客户投诉是企业建立良好口碑的重要途径。物流企业客户投诉管理的目的是减少客户的投诉,把客户投诉给企业带来的不良影响降到最低,挽回客户对企业的信任,有效地维护企业自身的形象,及时发现问题并留住客户,最终促成客户对企业的长期忠诚。

模块目标

知识目标

1. 理解客户投诉类型。
2. 理解受理客户投诉流程。
3. 了解差错业务办理中的盲点。

能力目标

1. 会处理客户投诉。
2. 会分析差错业务办理中的盲点。

素质目标

耐心细致、热情大方、团队协作、耐挫抗压。

情景导入

2014年3月17日,曹先生委托某物流公司将20件保温材料托运至建德,货是送到了目的地,可是发现少了3件。后来曹先生多次打电话催促该公司解决,但一直没有结果,因此曹先生决定投诉该物流公司,要求对丢失的货物进行赔偿。

问题:你认为该物流公司应该如何处理客户的投诉呢?

知识储备

客户投诉是客户在使用产品或接受服务过程中,通过各种途径对产品或服务明确表示不满,要求企业解决和答复的行为。客户投诉是商机而不是危机,正确处理客户投诉,可以使物流企业不断改进服务,提高客户满意度,使投诉的客户成为忠诚的客户。

一、物流客户投诉的类型

1. 服务质量

服务质量方面常会出现如下情况:
(1)货送错或送迟,运输途中车辆发生故障。

第五单元　办理客户订单业务与处理客户投诉

（2）服务水平达不到收货方的要求，与承诺的服务标准不符。

（3）对货物运输过程监控不利，运输过程中发生货物丢失、货物包装破损、货品发生破损、货差或变质等现象。

（4）送（提）货时不能按客户要求操作。

（5）结算方式与合同不符。

（6）收费重量确认有误。

（7）计费价格与所报价格有差别。

（8）结关单据未及时返回、单据开错等。

2. 服务态度

服务人员的态度不好、应对不得体以及员工自身的不良行为。例如，冰冷的服务态度、爱理不理的接待方式等都会引起客户的不满意。

二、受理物流客户投诉的方式和流程

1. 物流客户投诉方式

（1）电话投诉。客户直接拨打物流企业的服务热线或投诉热线，表达自己的愤怒。由于双方看不到彼此的表情、动作，因此很容易给投诉过程制造障碍。针对电话投诉，需要做到的基本工作包括：从电话中确切了解事件的基本信息；利用规范的声音及语气缓解客户的不满情绪；如有可能，把电话内容录音存档，特别是涉及特殊纠纷的投诉事件。

（2）信函投诉。由于写信是一个较长时间才能完成的事情，因此客户会以一种经过深思的方式真实地反映整个事件。在收到客户投诉信时，应立即送给相关负责人员；同时通知客户已经收到信函，表现企业的态度和解决问题的意愿；尽快给出解决方案，并告知客户。

（3）当面投诉。当面投诉可以发泄客户心中的怒气并把问题说得更清楚。现扬投诉给了企业最好的扭转局面的机会，因为客户就在眼前，只要采用了正确的应对方式，客户就会满意而去。在处理现场投诉时要注意将客户请到远离人群的地方，以免影响到其他客户，不能中途不告知就离开位置，让客户等候；按照企业规定处理客户投诉；不能立即解决的应该给出处理期限；谨慎使用各种应对语等。

（4）网络投诉。网络带来了很多的投诉便利，一些企业专门机构建立了处理客户投诉的邮箱和在线投诉平台，大大节省了企业和投诉客户的成本，企业也能比较方便地提取信息，从而解决问题。

2. 受理客户投诉的流程

受理客户投诉的流程通常包括以下步骤，如图5-7所示。

5 物流客户服务

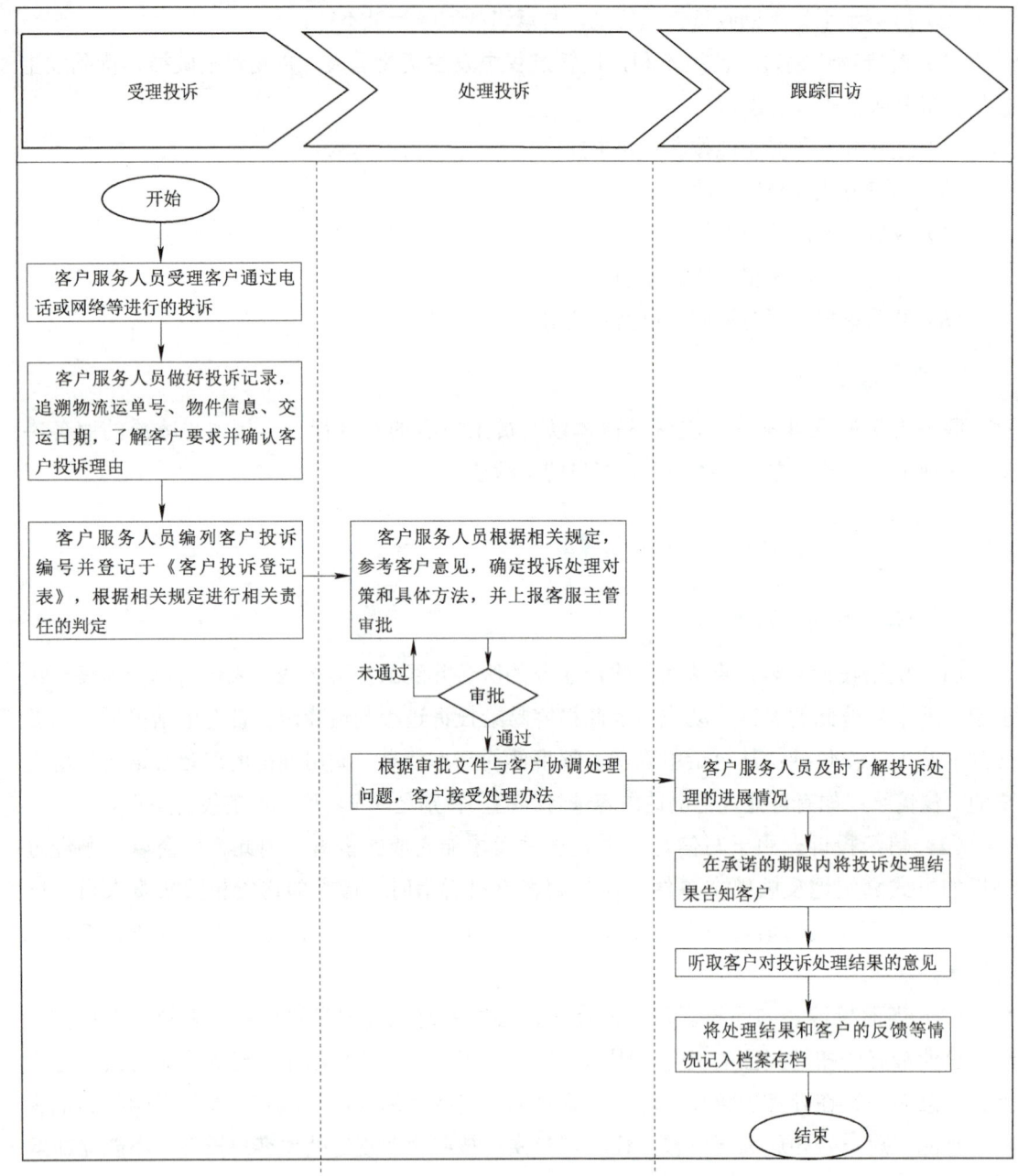

图5-7 受理客户投诉工作流程

(1) 受理客户投诉。

1) 记录投诉内容。在接到客户投诉或抱怨的信息时,作为物流企业的客户服务人员一方面要耐心倾听,另一方面要从客户的抱怨中引导客户说出关键问题,为客户及时解决问题。在受理客户投诉的过程中要记录投诉内容,主要获取三方面的信息并填写《客户投诉登记表》,见表5-4。

第五单元　办理客户订单业务与处理客户投诉

表5-4　客户投诉登记表

编号：

受理日期		投诉单号	
运单号码		寄件日期	
客户姓名		货物名称	
联系电话		联系地址	
投诉方式	□电话　　□信函　　□面谈　　□网络		

投诉内容：

客户要求：

货物描述	品名：　　　　　　　　　　件数：
	重量：　　　　　　　　　　包装：

客服代表：　　　　　　　　　　　　　　　　　　　　　日期：

　　① 货物的相关信息。货物的相关信息包括：运单号码、寄件日期等。如果是货物破损，客户要提供货物的详细描述（如品名、数量、重量、包装等）；如果是货物丢失，客户除要提供货物的详细描述外，还要及时获得运单的复件等。

　　② 客户投诉内容及要求。在物流行业中客户投诉的内容是多方面的，如递送延误、货物破损或丢失、计费失误等，客户对投诉处理的要求也各有差异，有的客户只要求及时更正错误，有的客户要求赔偿，有的客户要诉之于法律及公开媒体等。

　　③ 客户的联系方式。尽可能多地掌握客户的联系方式，如手机号码、邮箱地址、客户公司地址、传真号码、QQ号码等，以便在调查过程中通过多种渠道与客户联系。

　　2）判断投诉是否成立。在了解客户投诉的内容后，要确定客户投诉的理由是否充分，投诉要求是否合理。如果投诉并不成立，就可以委婉的方式答复客户，以取得客户的谅解，消除误会。

　　（2）处理客户投诉。

　　1）确定投诉处理责任部门。依据客户投诉的内容，确定相关的具体处理部门和处理负责人。如果是运输问题，交储运部处理；若是质量问题，则交质量管理部处理。

　　2）责任部门分析投诉原因。责任部门要查明客户投诉的具体原因及造成客户投诉的具体责任人，追究其责任。

　　3）提出处理方案。依据实际情况，参照客户的投诉要求，提出解决投诉的具体方案。例如，退货、换货、维修、折价、赔偿等。

　　4）提交主管领导批示。针对客户投诉问题，主管领导应对投诉的处理方案一一过目，并及时作出批示。根据实际情况，采取一切可能的措施尽力挽回已经出现的损失。

　　5）实施处理方案。处罚直接责任者，通知客户，并尽快收集客户的反馈意见，对直接责任者和部门主管要根据有关规定作出处罚；对不及时处理问题而造成延误的责任人也要追究相关责任。

（3）客户跟踪回访。

1）在承诺的期限内将投诉处理结果告知客户。

2）听取客户对投诉处理结果的意见。

3）将处理结果和客户的反馈等情况记入档案存档。

三、分析差错业务办理中的盲点

1. 制单差错

制单差错即承运单位在实际的操作过程中，没有认真核对交接单或者货物标签信息有误而造成的差错。在业务运作的流程中，制单差错主要体现在以下三个方面。

（1）目的站错误。目的站错误主要是指收货地址与目的站不符、不符合公司的规定以及客户提供了错误的信息造成的。

1）省份与城市不相符。例如，湖南武汉、江西南京，而正确的应为湖北武汉、江西南昌。

2）不符合公司规定。例如，货物要发往淮安市，因公司在淮安没有网点，所以要由南京外发出去，开单时目的站必须为"江苏省南京市转淮安"，而不是"江苏省淮安市"。

3）收货地址与目的站不符。例如，收货地址为无锡朝阳区，而朝阳区是北京市的一个区。

（2）大票提货点错误。在一个城市有多个网点大票提货点，开单人员在操作的过程中因不了解而随意选择网点，以及因系统默认是错误的而选错了大票提货点。

1）单件货物或单票货的重量、体积超出到达部门的操作能力。例如，某公司营业部因操作设备的限制，单件或单票货物重量不能超过500千克、体积不能超过1个立方米，如果超出这个范围，则货物应该发到能满足要求的营业部。

2）收货地址不在到达部门配送范围之内。收货地址应该在营业部可以到达配送范围之内，而开单人员将收货地址开错，营业部无法完成配送。

3）开单提货方式不符合到达部门的服务范围。例如，某物流公司营业部只负责客户自提，不负责送货，而某票货客户要求送货，开单部门没有了解到达部门的实际情况，开错了大票提货点。

（3）收货人姓名不符合公司要求。在开单的过程中，收货人为"×先生"、"×小姐"，但是公司要求是全称。

（4）品名泛指或不符。开单人员录入信息过于泛指或者货物的名称与实际不符。如将布料直接填为原料，有些货物明明是公司禁运的电池，却将品名写为电子元件。

2. 货单不符

货单不符是国内大部分第三方物流企业所面临的最主要问题。

（1）有货无单。由于部门人员在装车时没有仔细核对标签、认真清点货物，以及装车人员没有及时向柜台人员反馈装载情况而造成的。

第五单元　办理客户订单业务与处理客户投诉

（2）有单无货。由于部门人员在装车时没有仔细核对标签、认真清点货物，把滞留在仓库没有装上车的货物也做在交接单里，结果在卸货时始终找不到货。

（3）有单少货。一般由于装车人员漏装货物或开单件数比实际件数多而造成的少货。如系统开单为3件，而在卸货时只找到2件。

（4）有单多货。一般由于开单件数比实际件数小，或是不同单票货物之间贴错标签而造成的。如系统开单为2件，而在卸货时发现有3件货物贴有同样的标签。

3. 标签差错

标签错误也是导致业务差错的一个主要原因。

（1）标签脱落。贴上标签后，在操作过程中脱落了，主要原因是没严格按照公司规定的标签张贴标准执行。

（2）标签粘贴不规范。标签粘贴未按公司规定来操作，如标签倒贴，或标签没有粘贴在指定的位置。

（3）标签错位。由于操作人员分货不清，错误地将一票货物的标签粘贴在另一票货物上，如补打标签。

（4）漏贴标签。张贴货物标签时，其中一件或多件漏贴标签，主要原因如下。

1）贴标签人员心不在焉，注意力不集中。

2）货物标签过多，在贴标签过程中，因某种原因被中断而造成标签漏贴。

3）由于操作人员清点货物件数错误，开单件数比实际件数少，导致漏贴标签。

（5）目的站有误。目的站有误主要原因如下。

1）系统制单正确，但打印出来标签上的目的站与系统不符，如营业员习惯手工添加打印标签。

2）营业员在开单的过程中粗心大意，开错了目的站，导致标签打印出来本身就是错误的。

（6）多贴标签。一件货物上贴有两个以上标签，主要原因如下。

1）当货物较多且码放不规则时，将已贴好标签的货物再次贴上标签，或者将别的货物标签贴到已经贴好的其他货物上。

2）货物包装上有旧标签没有清除。

能力培养与训练

实训活动：客户投诉处理

【活动目的】

能正确处理客户投诉，并填写《物流客户投诉登记表》。

【活动目的】

根据性格特征与特长分组，5~7人分为一组，推荐一名组长。

【活动步骤】

1. 教师介绍本实训活动的内容、要求及注意事项。

2. 各小组分工合作完成任务。

物流客户服务

3. 各小组进行成果展示交流。
4. 教师进行评价和总结。

【活动内容】

阅读下面的情景资料，根据对话内容，学生两人一组模拟客户投诉，并填写《物流客户投诉登记表》，其他人观察评价。

物流客服：您好，邮政客服，请问有什么可以帮您？

客　户：我要投诉。我的邮件早就发了，怎么还没送到？

物流客服：请您提供邮件运单号码，我马上为您查询邮件信息。

客　户：××××。

物流客服：请问邮件内件是什么呢？

客　户：文件/物品。

物流客服：抱歉，目前查询您的邮件并未到达，建议您联系寄件人在寄件局查询邮件的深度邮路信息，您看可以吗？（若是电子类产品请按规范应答处理：由于您寄递的内件属电子类产品，这类产品可能无法由航空寄递，运输时间相对来说比较长，您可以联系寄件人在寄件局查询深度邮路信息，您看可以吗？）

客　户：哦，好的。

物流客服：（如客户情绪激动，不同意联系寄件人办理查询）先生/女士，耽误您的时间确实很抱歉，请您提供收件人姓名、联系电话及地址，我们给您记录下来转交邮件查询部门核查，您看可以吗？

客　户：收件人是××大道××号的×××，手机号是×××。

物流客服：好的，我已经记录清楚了，马上帮您反映情况，接到邮件查询部门的反馈，我们会在第一时间给您回复的。

客　户：好的。

物流客服：感谢您的来电，请评价本次服务，再见！

【考核要求】

填写表5-5《客户投诉处理表》。

表5-5　客户投诉处理表

项　目	内　容	处理方式	改进措施
活动　客户投诉处理	受理投诉		
	处理投诉		

第五单元　办理客户订单业务与处理客户投诉

实训评价

被考评人						
考评地点						
考评内容						
考评指标		考评标准	分值/分	自我评价/分	小组评议/分	实际得分/分
专业知识技能掌握	受理客户投诉	能正确受理客户投诉	10			
	客户投诉类型	会区分客户投诉类型	10			
	物流客户投诉处理	能熟练运用客户投诉处理技巧	10			
	差错业务中的盲点	能分析出现差错业务中的盲点	10			
	实训活动情况	正确	15			
通用能力培养	出勤	按时到岗，学习准备就绪	10			
	道德自律	自觉遵守纪律，有责任心和荣誉感	10			
	学习态度	积极主动，不怕困难，勇于探索	10			
	团队分工合作	能融入集体，愿意接受任务并积极完成	15			
合　　计			100			
考评辅助项目				备　注		
团队之星						
团队互评						

注：1. 实际得分=自我评价×40%+小组评议×60%。
　　2. 考评满分为100分，59分及以下为不及格；60～74分为及格；75～84分为良好；85分及以上为优秀。
　　3. "团队之星"可以是本次实训活动中突出贡献者，也可以是进步最大者，还可以是其他某一方面表现突出者。
　　4. "团队互评"是由评审团讨论后为各组给予的最终评价。评审团由各组组长组成。当各组完成实训活动后，各组组长先组织本组内部进行商议，然后各组组长将意见带至评审团，评价各组整体工作情况，将各组互评分数填入其中。

拓展提升

处理物流客户投诉

一、客户投诉的心理状态分析

1．发泄心理

客户遭遇不满而投诉，一个最基本的需求是将不满传递给企业，将自己的怨气发泄出来。这样，客户不快的心情会得到释放，恢复心理上的平衡。

5 物流客户服务

2．尊重心理

客户寻求投诉是希望获得关注和重视，以满足心理上被尊重的感觉。

3．补救心理

客户投诉的目的在于补救，因为客户觉得自己的权益受到了损害。值得注意的是，客户期望的补救不仅指财产上的补救，还包括精神上的补救。

4．认同心理

客户在投诉过程中会努力向企业证实他的投诉是对的和有道理的，希望获得企业的认同。客户期望认同的心理得到回应，有助于拉近彼此的距离，为协商处理营造良好的沟通氛围。

5．表现心理

客户前来投诉往往存在着表现的心理，客户既在投诉和批评，也是在建议和教导。

6．报复心理

当客户投诉的得失预期与企业方承认的得失预期相差过大，或者客户在宣泄情绪过程中受阻、受到新的"伤害"，某些客户会产生报复心理。

二、处理物流客户投诉的原则

1．正确的服务理念

需要经常不断地提高全体员工的素质和业务能力，树立全心全意为客户服务的思想以及"客户永远是正确的"观念。抱怨处理人员面对愤怒的客户一定要注意克制自己，避免感情用事，始终牢记自己代表的是企业的整体形象。

2．有章可循

要有专门的制度和人员来管理客户投诉的问题，使各种情况的处理有章可循，保持服务的统一、规范。另外，要做好各种预防工作，使客户投诉防患于未然。

3．及时处理

处理抱怨时切记不要拖延时间、推卸责任，各部门应通力合作，迅速作出反应，向客户清楚地说明事件的缘由，并力争在最短时间里全面解决问题，给客户一个圆满的结果。否则，拖延或推卸责任会进一步激怒投诉者，使事情进一步复杂化。

4．分清责任

不仅要分清造成客户投诉的责任部门和责任人，而且需要明确处理投诉的各部门、各类人员的具体责任与权限以及客户投诉得不到及时圆满解决的责任。

5．留档分析

对每一起客户投诉及其处理要作出详细的记录，包括投诉内容、处理过程、处理结果、客户满意程度等。通过记录，吸取教训、总结经验，为以后更好地处理好客户投诉提供参考。

第五单元 办理客户订单业务与处理客户投诉

模块四 处理物流服务事故

模块描述

物流企业在给客户提供服务的过程中会出现一些货物破损、丢失、递送延迟等事故，为了提高物流企业的服务质量，必须要正确处理物流服务事故。那么如何处理呢？业务部门又要如何改进服务呢？

模块目标

知识目标

1. 了解物流服务事故的类型。
2. 掌握物流服务事故的处理。
3. 理解客户投诉责任的认定。
4. 理解业务部门改进服务的措施。

能力目标

1. 会处理物流服务事故。
2. 会正确认定客户投诉责任。

素质目标

耐心细致、热情大方、团队协作。

情景导入

张先生称2014年1月8日通过某快递公司快递3瓶威龙干红葡萄酒给家人，当时该公司承诺当天可以送货上门，1月9日，张先生咨询该快递公司时被告知其中有瓶红酒已被打碎，但只负责赔偿20元，张先生觉得不合理，要求赔偿打碎的红酒和延误送达费用共200元。

问题：你认为该公司如何对客户的投诉进行责任认定？业务部门以后应该怎样改进服务？

知识储备

客户投诉的目的是希望物流公司能听取意见，提供帮助，解决问题，而不是纯粹的抱怨。处理投诉物流客服人员最有效的方法是尽快调查事故原因、落实差错责任，给予客户有效的解决方案。

一、物流服务事故

1. 服务事故的定义

服务事故是指从受理客户委托起至送达客户签收止，承运期间发生的延迟交货、货损、丢失、货差、价格纠纷及未按约定履行服务义务而造成的损失。

物流客户服务

2. 服务事故的种类

（1）按事故的性质分类，服务事故可分为晚点、货损、货差和丢失。

1）晚点。委托货物迟于工作单约定的到达时间交货。

2）货损。委托货物在承运期间发生的外包装变形且内物损坏的现象。

3）货差。委托货物在到达目的地时出现短缺。

4）丢失。委托货物在承运期间出现丢失。

（2）按保险与否分类，服务事故可分为保险理赔事故和非保险理赔事故。

1）保险理赔事故。货物托运人已声明价值、缴纳相应的保费并委托承运人投保，具备进入保险理赔程序的服务事故。

2）非保险理赔事故。货物托运人自行投保，或未委托承运投保并未声明货物价值且未缴纳保费的服务事故。

二、处理物流服务事故

1. 编制记录

发生或发现货运事故时，车站应在当日按批编制货运记录，记录有关情况。托运人组织装车、收货人组织卸车的货物，交接无异状，收货人提出货物有损失或依据有关规定需作证明时，应编制普通记录。

2. 事故鉴定

货物发生损坏或部分丢失，不能判明事故发生原因或损坏程度时，承运人与收货人或托运人协商，也可邀请鉴定人进行鉴定，鉴定结果编制货运事故鉴定书。

3. 违法或危及运输安全事故的处理

在货物运输过程中，如发现违反政府法令、危及运输安全等情况，承运人依据有关规定进行处理，将处理结果编制记录，随运输票据递交到站处理。承运人无法处理的意外情况，立即通知车站转告托运人或收货人处理。

4. 事故赔偿

货运事故发生后，处理单位通知有关各方组织调查分析，确定货物损失事故原因和事故责任单位，并根据有关规定作出赔偿处理。

5. 责任划分

承运人自承运货物时起至将货物交付时止，对货物发生的灭失、短少、变质、污染、损坏承担赔偿责任，但下列原因造成的损失，承运人不承担赔偿责任。

（1）不可抗力。

（2）货物本身自然属性、合理损耗。

（3）托运人、收货人、押运人的过错。

由于托运人、收货人的责任或押运人的过错，使铁路运输工具、设备或第三者的货物造成损失时，托运人、收货人应负赔偿责任。

第五单元　办理客户订单业务与处理客户投诉

三、客户投诉责任认定

1. 责任划分基本原则

（1）责任部门和责任人因未履行以下责任导致投诉，应由责任部门和责任人承担责任。

1）开单部门有对货物跟进的义务和与客户沟通解释的责任。

2）汽运和空运操作中心有对货物及时装卸、归位、配载、运输工具在途跟踪、反馈异常的责任。

3）到达部门有对货物及时卸货、通知自提、派送、中转、录入签收，做收银确认、反馈异常的责任。

4）信息管理中心有给客户反馈正确信息的责任。

5）财务部有及时对账款进行审核、开具发票、处理税务问题、代收货款的责任。

（2）投诉责任人的直接领导和上一级部门要承担相应的连带责任，并对责任人进行相应的培训。

（3）责任部门为两个或两个以上部门时，应按责任占比承担责任，责任占比较大的部门主导处理，责任划分为货物所在地部门。

（4）投诉责任划分是为了更好地反映责任部门和责任人在工作中存在的问题，责任部门和责任人需认真对待，不得敷衍了事。

2. 责任划分标准

根据客户投诉内容，判定问题环节，确认责任部门，见表5-6。

表5-6　客户投诉责任认定

责任总类型	分　类　型	责任界定
货差	反馈异常及时（在规定标准反馈时间内）	上一环节部门
货差	反馈异常不及时（介于规定标准反馈时间之外至12小时内）	丢货环节部门
货差	无反馈异常	丢货环节部门
货损	反馈异常及时（在规定标准反馈时间内）	上一环节部门
货损	反馈异常不及时（介于规定标准反馈时间之外至12小时内）	破损环节部门
货损	无反馈异常	破损环节部门
延误时效	货物操作部门正常收货，延误发货	操作部门
延误时效	货物收运部门正常收货，但途中出现意外或者延误时效，导致延误发货	收运部门
延误时效	货物收运部门延误发货	收运部门
延误时效	货物汽运中心、汽运部正常发货，终端部门正常发货，延误中转外发	终端部门
延误时效	收运部门承诺客户上门接货，未按时接货	收运部门
延误时效	货物正常收货，延误送货、卸货、通知提货、反馈异常、反单等	延误环节部门
延误时效	货物正常发货，车子在路上因堵车、故障或事故，使总体到货时间延误	到达的上一环节（可不处罚）
延误时效	操作中心正常发货，车子在路上因堵车、故障或事故，使总体到货时间延误	操作中心（可不处罚）
延误时效	代收货款更改受理不及时（正常情况下是30分钟内更改完成）	受理部门
延误时效	因开单部门未按公司的规定而给客户承诺时效	始发部门

物流客户服务

（续）

责任总类型	分 类 型	责任界定
价格费用	价格不合理、开单价格与公司公布价不符	收运部门
	终端到达部门为自营网点，到付费用异常	收运部门
	终端到达部门为合作网点，到付费用异常	中转部门
	费用不清晰	费用有疑问部门

四、业务部门改进服务

1. 树立客户至上的服务理念

物流公司要改善客户服务就必须树立"客户至上"的服务理念，只有始终把客户放在首要地位，才能逐步取得客户的信任，才能建立长期的合作关系。客户第一的理念应成为企业的一种文化，不仅体现在客户服务部门，还应体现在物流公司的各个部门，要让客户深刻地感受到该物流公司的企业文化始终都保持"客户第一"的宗旨。只有在思想上达到了重视客户服务的高度，才能真正地改善客户服务工作。

2. 合理及时地处理客户投诉

业务部门一定要重视客户投诉，投诉不仅可以改善服务工作，还可以增加与客户沟通的机会。投诉处理令客户满意，往往可以更进一步拉近双方的关系，为双方长久的合作奠定良好的基础。

3. 加强员工素质培养

对员工进行素质培养、业务培训和企业精神熏陶，使他们胜任工作，并鼓励和激励员工开展一些创造性的服务，企业要把"客户第一"与"员工第一"摆在同等重要的位置。

4. 建立客户资料

客户资料是物流公司营销活动的起点，做到对客户了如指掌，不定期与客户沟通，及时了解他们的需求和意见，针对不同客户，提供个性化服务。

5. 衡量客户满意度

对客户满意度进行追踪调查和评估，是持续改善服务的关键。衡量客户满意度的方法包括外部评估和内部评估。外部评估其中一个有效渠道就是处理客户投诉，进行定期或不定期调查，全面衡量客户的满意度。调查样本的选取要保证客户的覆盖面广，要包括各个层次的现有客户和流失的客户。对于流失的客户，分析停止服务的原因。服务后立刻对客户进行调查，可以立刻发现问题所在，及时补救。内部评估主要从两方面入手。一是根据所建立的服务标准对服务过程进行检查，实行质量否决权制度，促进员工提高服务水准。二是进行隐蔽性调查。例如，聘请社会服务监督员；或让员工佯装成客户，提出各种不同的问题和抱怨，看员工如何处理，亲身体验作为客户所受到的待遇；或进行比较性物流服务，了解竞争者的服务策略，以便采取相应的对策。

第五单元　办理客户订单业务与处理客户投诉

能力培养与训练

实训活动：客户投诉责任认定

【活动目的】

能正确处理客户投诉，能准确认定客户投诉责任。

【活动目的】

根据性格特征与特长分组，5~7人分为一组，推荐一名组长。

【活动步骤】

1. 教师介绍本实训活动的内容、要求及注意事项。
2. 各小组分工合作完成任务。
3. 各小组进行成果展示交流。
4. 教师进行评价和总结。

【活动内容】

阅读下面的案例，回答问题。

日前，某储运公司客户投诉管理部门接到一老客户打来的投诉电话，称在近期储运公司运送来的货物中存在着货物毁损问题，该批货物价值总额为30万元，商品完好率为70%，缺损商品价值为9万元，客户要求赔偿。客户投诉管理部门受理投诉，登记客户投诉记录表，然后将投诉记录交货运部；货运部收到投诉记录后马上开展调查分析，并获得两个方面的资料。

第一，缺损货物中有10%货物因轻微碰撞而变形，修理后不影响使用和销售，预计修理费用为3000元；其余部分毁损严重，无法恢复其价值和使用人价值，这部分货物的价值总额为8.1万元。

第二，货物毁损原因查明，是因为储运公司对货物的包装强度过低，导致货物在运输途中出现事故。

经有关管理部门研究，并征得客户的同意，提出解决问题的方案：

第一，支付商品的维修费用，赔偿经济损失，两项共计4 000元。

第二，补发毁损货物。

储运公司相关部门按要求支付赔款和发运货物；客户投诉管理部门定期回访该客户，了解到货情况，赢得客户的信任。

问题：该物流公司事故的责任在谁？储运公司的处理流程如何？你认为他们的处理是否得当？

【考核要求】

案例分析准确、有依据。

物流客户服务

实训评价

被考评人			考评地点		
考评内容					
考评指标		考评标准	分值/分	自我评价/分	小组评议/分	实际得分/分

	考评指标	考评标准	分值/分	自我评价/分	小组评议/分	实际得分/分
专业知识技能掌握	物流服务事故	区分物流服务事故类型	10			
	处理物流服务事故	物流服务事故处理得当	10			
	客户投诉责任认定	客户投诉责任认定准确	10			
	业务部门改进服务	能分析业务部门改进服务的方法	10			
	实训活动情况	正确	15			
通用能力培养	出勤	按时到岗,学习准备就绪	10			
	道德自律	自觉遵守纪律,有责任心和荣誉感	10			
	学习态度	积极主动,不怕困难,勇于探索	10			
	团队分工合作	能融入集体,愿意接受任务并积极完成	15			
合计			100			
考评辅助项目				备注		
团队之星						
团队互评						

注:1. 实际得分=自我评价×40%+小组评议×60%。
2. 考评满分为100分,59分及以下为不及格;60~74分为及格;75~84分为良好;85分及以上为优秀。
3. "团队之星"可以是本次实训活动中突出贡献者,也可以是进步最大者,还可以是其他某一方面表现突出者。
4. "团队互评"是由评审团讨论后为各组给予的最终评价。评审团由各组组长组成。当各组完成实训活动后,各组组长先组织本组内部进行商议,然后各组组长将意见带至评审团,评价各组整体工作情况,将各组互评分数填入其中。

拓展提升

陆路运输事故赔偿

1. 公路货运事故的赔偿

法律、行政法规对赔偿责任限额有规定的,依照其规定;尚未规定赔偿责任限额的,按货物的实际损失赔偿。在保价运输中,货物全部灭失,按货物保价声明价格赔偿;货物部分毁损或灭失,按实际损失赔偿。货物实际损失高于声明价格的,按声明价格赔偿。货物能修复的,按修理费加维修取送费赔偿。

2. 铁路运输事故的赔偿

承运人向托运人或收货人提出赔偿要求时,应提出货运记录、损失清单和必要的证明文件。承运人同托运人或收货人相互间要求赔偿或退补费用的,有效期为180日;但要求承运人支付违约金的,有效期为60日。有效期由下列日期起算:

(1)货物灭失。损坏或铁路运输设备损坏,为承运人交给货运记录的次日,货物全部灭失未编有货运记录,鲜活运到期限届满的次日,其他货物为运到期限届满的第16日。

(2)多收或少收运输费用,为核收该项费用的次日。

(3)要求支付违约金,为交付货物的次日。

(4)其他赔偿及退补多收或少收费用,为发生事故或核收该项费用的次日。

第五单元　办理客户订单业务与处理客户投诉

综合训练

一、理论部分

（一）判断题

1. 网上订单受理后，如没有问题，无需与客户沟通。（　　）
2. 网站留言查询是实时查询。（　　）
3. 接受客户查询，当有些问题不能回答时，可以采取拖延战术。（　　）
4. 针对电话投诉，如有可能，把电话内容录音存档，特别是涉及特殊纠纷的投诉事件。（　　）
5. 在公路货运事故中，未规定赔偿责任限额的，按货物的实际损失赔偿。（　　）

（二）填空题

1. 网上业务的内容有_____、_____、_____和_____。
2. 常用的网络沟通工具有_____、_____、_____、_____和_____。
3. 订单查询的方式有_____、_____、_____和_____。
4. 订单查询类型有_____、_____、_____、_____、_____和_____。
5. 物流客户投诉方式有_____、_____、_____和_____。
6. 解决物流客户投诉的原则有_____、_____、_____、_____和_____。
7. 投诉类型有_____和_____。
8. 差错业务中的盲点有_____、_____和_____。

（三）简答题

1. 简述电话订单业务的受理流程。
2. 简述网上订单业务的受理流程。
3. 网络客服人员回复技巧有哪些？
4. 简述受理客户投诉的流程。
5. 如何处理客户投诉？
6. 如何处理物流服务事故？

（四）案例分析题

某日，于女士向杭州市工商局投诉称，她通过上海圆通速递公司杭州分公司邮寄两台打印机，但打印机在途中丢失。在调解未果的情况下，双方要通过司法途径解决。于女士的同事说："物流企业有义务将所托运的物品安全运达目的地，造成货物破损、遗失，物流企业

5 物流客户服务

应该承担责任。我们曾碰到类似的情况，一份合同通过快递运送时被快递企业丢失了，对方说，按规定只赔邮寄费的双倍，对于由此带来的其他损失却不愿意承担责任。""如果你不对托运物品作'报价'托运，那么，我们只能赔你邮寄费的两倍。"上海圆通速递公司杭州分公司处理此事的赵先生说，"任何物流企业都不敢保证在托运货品时货品一定不会遗失。我可以这么说，快递企业员工整体素质是不太好的。"杭州市工商局发现，综合近来的此类投诉案件非常多。有关人士指出，物流行业相关规范以及物流企业缺少相应的服务理念和投诉管理机制，成为物流投诉高发、投诉难以解决的主要原因之一。这样就大大降低了物流客户对物流行业的满意度和信任度，也成为我国物流业发展的绊脚石。

问题：
(1) 结合案例分析处理客户投诉的意义。
(2) 结合案例分析客户投诉管理的实施方法。

二、技能训练

【活动目的】

分析客户投诉的原因及心理状态，登记物流客户投诉案件；熟悉解决物流客户投诉的作业流程，并能填写《客户投诉处理记录表》。

【活动组织】

根据性格特征与特长分组，5~7人分为一组，每组推荐一名组长。

【活动步骤】

1. 教师介绍本实训活动的内容、要求及注意事项。
2. 阅读情景资料，各小组完成任务。
3. 各小组将成果进行展示交流。
4. 教师进行评价和总结。

【活动内容】

李小姐于2014年4月20日委托某快递公司发送一台计算机到杭州。李小姐通过该公司网站查询到此快件在4月21日已发送至杭州，可是直到4月23日客户也没收到计算机。李小姐多次电话催促该快递公司，对方未作出答复。因此她进行投诉并要求该公司马上将其快件送达目的地，对延误时间做适当补偿。

问题：如果你是该公司的客服人员，接到这样的物流客户投诉你将如何处理？

【考核要求】

1. 客户投诉原因及心理状态分析正确。
2. 客户投诉处理恰当。

单元内容

第六单元 认知CRM系统和维护客户关系

模块一 探寻客户需求
模块二 策划物流客户联谊活动
模块三 认知CRM系统

第六单元 认知CRM系统和维护客户关系

通过CRM（Customer Relationship Management，客户关系管理）系统了解客户的不同需求，制定解决方案，真正解决客户的问题，高效地为客户提供满意、周到的服务，以提高客户的满意度、忠诚度。

CRM系统的宗旨是：为满足每个客户的特殊需求，同每个客户建立联系，通过与客户的联系来了解客户的不同需求，并在此基础上进行"一对一"的个性化服务。

6 物流客户服务

模块一　探寻客户需求

模块描述

通过探寻、刺激、创造，在与客户互动的短暂片刻，以简短的提问及对话了解客户的需求，知道客户需要什么，才能更好地为客户服务，从而与客户保持良好关系，让客户满意，以实现稳定的客源和良好的收益。所以，要想做好客户服务工作，就必须探寻客户需求。

模块目标

知识目标

了解客户需求的概念，掌握探寻客户需求和与客户保持良好关系的方法。

能力目标

灵活运用探寻客户需求的方法，会与客户保持良好关系。

素质目标

热情大方，耐心细致，积极主动，团队协作。

情景导入

中外运敦豪推出高尔夫快递产品业务，用户只需在旅行前后，将高尔夫装备交给中外运敦豪签约的高尔夫俱乐部或酒店的相关服务人员，即可轻松启程；与此同时，高尔夫装备也将穿着中外运敦豪特制的包装，平安出入家门。

问题：中外运敦豪是如何针对客户需求开发物流服务项目的？

知识储备

一、客户需求概述

1. 客户需求的概念

客户的需求往往是多方面的、不确定的，需要去分析和引导。成功的销售不是如何去说服客户，而是对客户的需求做出最精确的定义。根据定义出来的需求，再将产品推销给客户。

客户需求是指通过买卖双方的长期沟通，对客户购买产品或服务的欲望、用途、功能、款式进行逐步发掘，将客户心理模糊的认识以精确的方式描述并展示出来的过程。客户需求可分为暗示需求和明确需求。

2. 研究客户需求

（1）首先要圈定明确的客户群。

（2）学会用客户的语言来描绘产品。

第六单元　认知CRM系统和维护客户关系

（3）学会理解客户的多重身份。
（4）了解客户的价值观。
（5）理解客户需求背后的深层次心理需求。
像客户一样体验、感知他们的生活世界。

3．了解客户需求的方式

（1）用提问的方法了解客户需求。要了解客户的需求，提问题是最直接、最简单且最有效的方式。通过提问可以准确而有效地了解到客户的真正需求，为客户提供他们所需要的服务，在实际运用中有以下几种提问方式可以灵活运用。

1）开放式问题。开放式问题与封闭式问题相对。开放式问题就像问答题一样，不是一两个词就可以回答的。这种问题需要解释和说明，同时向对方表示你对他们说的话很感兴趣，还想了解更多的内容。例如，会议是如何结束的？你喜欢你工作的哪些方面？你有什么问题？

2）封闭式问题。封闭式的问题就是让客户回答"是"或"否"的问题，目的是确认某种事实。例如，会议结束了吗？你喜欢你的工作吗？你有问题吗？

（2）通过倾听客户谈话来了解客户的需求。在与客户进行沟通时，必须集中精力，认真倾听客户的回答，站在对方的角度尽力去理解对方所说的内容，了解对方在想什么、对方的需要是什么，要尽可能多地了解对方的情况，以便为客户提供满意的服务。

（3）通过观察来了解客户的需求。要想说服客户，就必须了解他当前的需要，然后着重从这一层次的需要出发，动之以情，晓之以理。在与客户沟通的过程中，你可以通过观察客户的非语言行为了解他的需要欲望、观点和想法。

总而言之，通过适当地问问题，用心去倾听，以及观察他们的非语言行为，可以了解客户的需求和想法，更好地为他们服务。

4．探寻客户需求的步骤

（1）提问获取客户的基本信息。如果想了解更多客户的心理状态，不要等他说出来，而要去有效地提问。这样不仅可以了解客户内心的想法，还可以通过问题引导客户的思维方向。同时，你提出问题的品质及逻辑能力也将展现出你的专业素养。

（2）通过提问找出深层次需求和需求背后的原因。客户有显性需求，也有隐性需求。需求可以探寻，可以刺激，也可以创造，在与客户互动的短暂片刻，通过提问找出深层次需求和需求背后的原因，创造成功的交易。

（3）激发需求的提问。利用客户的从众心态，引述名人、权威信息、统计数字及使用成功案例等提问，刺激客户，使客户的兴趣快速集中于其没有需求或有较少需求的产品或服务上。

（4）引导客户解决问题。通过提问激发了客户的需求，然后借势引导客户尽快解决问题，让需求由不急变急，消除隐患。

（5）提出有针对性的解决方案。关注到客户真正的深层次的需求，明确提出最佳解决方案，在技术、服务上进行创新，为每一个个性化需求提供有针对性的解决方案，提高客

6 物流客户服务

户的工作效率，为客户创造价值。

（6）成交之后与客户建立人情关系。跟进客户，了解他们在干什么，了解客户遇到的困难，并且帮助他们解决这些困难，与客户建立良好关系和信任，增强客户的忠诚度，提高客户的满意率。

二、与客户保持良好关系

1. 开展联谊活动

与客户共同组织联谊活动，如组织球队进行比赛、共同举办文艺演出等，以此拉近与客户的距离。

2. 邀请客户走访参观或承办会议

安排双方领导互访或邀请客户到公司参观、到公司所在地召开会议，是与客户沟通和保持良好感情的好方式。

3. 建立客户档案

市场经济变化莫测，准确的信息是物流企业获得成功的关键之一。完备、客观的客户档案对公司来说就像一双眼睛，能随时一目了然地了解客户，大大减少公司管理的盲目性，有效地了解客户的动态并提高办事效率。

4. 提供个性化的服务

个性化服务打破了传统的被动服务模式，能够充分利用各种资源优势，以满足用户个性化需求为目的的全方位服务。

5. 回访客户

客户回访是与客户保持良好关系的有效途径，重视客户回访，充分利用各种回访技巧，满足客户的同时创造价值。

6. 经常性联系

很多时候企业在售前会与客户保持较为密切的联系，而一旦客户购买产品或服务之后，这种联系就会明显减少甚至不再联系，这样不利于客户忠诚的建立。物流企业可以根据客户的重要程度进行不同方式的联系，重要客户采用电话沟通（或者是多种方式都使用），一般客户采用电子邮件或短信的形式保持联系，时机是节日、纪念日等。

7. 附加值模式

企业提供会员卡，信息系统跟踪每个客户的消费记录并计算他们获得的积分，在一定程度上促使客户不断进行消费，达到客户忠诚的目的。本质在于为忠诚客户提供了附加值，鼓励忠诚客户。

第六单元 认知CRM系统和维护客户关系

8. 替客户着想

我们与客户合作一定要追求双赢，不要把客户没有用或不要的产品、服务卖给他，也不要让客户花多余的钱，尽量减少客户不必要的开支，客户也会节省你的投入。

9. 尊重客户

每个人都需要尊重，都需要获得别人的认同。对于客户给予的合作，我们一定要心怀感激，并对客户表达出你的感谢。而对于客户的失误甚至过错，要表示出你的宽容，而不是责备，并立即共同研究探讨，找出补救和解决的方案。这样，你的客户会从心底里感激你。

10. 信守原则

一个信守原则的人会赢得客户的尊重和信任。

11. 多做些销售之外的事情

比如，有客户要找本公司的某领导，却找不到好的机会。如果我认识又有机会，那么我就会为他引荐。又如，客户需要某些资料但又得不到时，我就会帮他找到。甚至，他们生活中碰到的一些困难，只要我知道又能做到，我就一定会帮助他们。这样，我与客户就不再是合作的关系了，更多的是朋友关系。这样，一旦有什么机会时，他们一定会先想到我。

12. 善于观察客户的喜好

通过观察客户的喜好，投其所好，与客户保持良好关系。

能力培养与训练

实训活动：探寻客户需求

【活动目的】

运用所学知识，探寻客户需求。

【活动组织】

每4～5名学生分为一组，探寻客户需求。

【活动步骤】

1. 学生分组，每4～5名学生分为一组。
2. 各组根据情景材料，分析案例，探寻客户需求。
3. 各组派代表讲解，教师根据学生表现进行指导、点评。

【活动内容】

请阅读下面的情景材料，探寻石药集团有限责任公司的物流需求。

石药集团有限责任公司是集医药产品的开发、生产和销售为一体的制药企业。石药集团拥有原料药、成药和医药商业三大业务板块，主要从事医药产品的开发、生产和销售，产品主要包括抗生素、维生素、心脑血管、解热镇痛、消化系统用药和中成药七大系列近千个品种。石药集团有维生药业、中诺药业、欧意药业、恩必普药业、银湖制药等30余家

6 物流客户服务

下属公司，分别位于冀、津、吉、晋、辽、鲁、苏和香港等地。

通常医药企业不将物流外包最主要的原因是考虑药品安全问题，国家药品仓库严格的质量要求使一些医药公司不放心将物流中的一些业务外包给物流公司。在药品运输配送这个环节，一方面涉及航空、铁路、公路、水路等各种运输模式。由于其中有很多不可控因素，医药企业自己的运输部门很难统一规划，而一般物流公司都有自己专门的网络，能灵活变通的处理任何突发情况。另外，药品在运输上有一些特殊要求，如有些药品在运输中对温度有特殊要求，物流公司因为其他行业如食品行业的食品运输上也有这样的要求，所以物流公司满足医药企业的要求并不难。

【考核要求】

充分探寻客户需求，开拓物流市场。

实训评价

被考评人			考评地点		
考评内容					
考评指标		考评标准	分值/分	自我评价/分	小组评议/分	实际得分/分
专业知识技能掌握	理解客户需求	掌握客户需求概念，研究客户需求，了解客户需求，探寻客户需求步骤	20			
	会与客户保持良好关系	掌握与客户保持良好关系的方法	20			
	实训活动情况	能探寻客户需求	20			
通用能力培养	出勤	按时到岗，学习准备就绪	10			
	道德自律	自觉遵守纪律，有责任心和荣誉感	10			
	学习态度	积极主动，不怕困难，勇于探索	10			
	团队分工合作	能融入集体，愿意接受任务并积极完成	10			
合 计			100			
考评辅助项目				备 注		
	团队之星					
	团队互评					

注：1. 实际得分=自我评价×40%+小组评议×60%。
2. 考评满分为100分，59分及以下为不及格；60～74分为及格；75～84分为良好；85分及以上为优秀。
3. "团队之星"可以是本次实训活动中突出贡献者，也可以是进步最大者，还可以是其他某一方面表现突出者。
4. "团队互评"是由评审团讨论后为各组给予的最终评价。评审团由各组组长组成。当各组完成实训活动后，各组组长先组织本组内部进行商议，然后各组组长将意见带至评审团，评价各组整体工作情况，将各组互评分数填入其中。

拓展提升

寻找客户需求的方法

寻找客户需求的方法如下。

1. 换位思考

客户与企业之间存在因信息不对称而产生的思维连接障碍，企业想要获得完整的客户信息就要换位思考，这种换位思考要彻底才有效，也就是要忘记自己的身份，把自己完全当做客户，融入环境进行体验，同时邀请客户参与新产品的研发工作。通过角色扮演后的

第六单元　认知CRM系统和维护客户关系

感知与对客户的启发来获得准确的客户需求信息。

2. 反推法

从为客户提供问题解决方案的角度来反推产品的开发，以发现客户的真正需求。例如，若听到客户说想要有20个船桨的船，我们马上应该想到，他们要的应该是更快的航行速度。试想一下，以这个思路开发出的快艇和客户想要的那艘20个船桨的船相比，客户会选择哪个呢？因此，我们应该从客户导向改为问题导向。以解决问题的思路切入，就能找出客户真正想要的东西。

模块二　策划物流客户联谊活动

模块描述

通过联谊活动，可以与客户进行深度沟通，树立企业形象，宣传企业优势，建立相互信任的关系。因此，开展联谊活动对于企业具有重要意义。客户服务人员应具备策划物流客户联谊活动的能力。

模块目标

知识目标

掌握深度沟通的概念、法则及联谊活动策划书的格式。

能力目标

1. 能与客户进行深度沟通。
2. 会编写联谊活动策划书。

素质目标

热情大方，耐心细致，遵守法律法规，团队协作。

情景导入

随着我国物流业的蓬勃发展，涌现了一批业内精英、优秀的女企业家。为了联合物流业广大女企业家，搭建物流女企业家的交流平台，中国物流与采购联合会与南方物流企业集团在2014年"三八"妇女节期间召开中国物流女企业家联谊会。

中国物流女企业家联谊会将以相聚老朋友、结识新伙伴、交流沟通为重点，主要目的是搭建"五个平台"，即"会员之家"的服务平台，资源共享的协作平台，与时俱进的学习平台，展现风采的宣传平台，促进合作交流的发展平台。

问题：请你编写一份联谊活动策划书。

6 物流客户服务

知识储备

联谊会是以情感交流为手段组织起来的较为松散的群体。通过这些活动，联谊会成员可以增进相互间的了解，增进友谊，同时也为社会进步与发展作出一定的贡献。

一、与客户深度沟通的重要性

1. 深度沟通的概念

（1）沟通。沟通是人与人之间、人与群体之间思想与感情传递和反馈的过程，以求思想达成一致和感情的通畅。

（2）深度沟通。深度沟通就是建立在相互平等、相互尊重基础上的一种正式的、有计划的、有目的的双向沟通。

2. 深度沟通的意义

（1）可以获取对方的核心价值观和信念。
（2）可以快速取得对方的认同理解和支持。
（3）可以快速改变对方的观念。
（4）可以提升你的人际关系。
（5）可以给你带来大量客户。
（6）可以让你与客户关系更加稳固和谐。

3. 深度沟通的法则

（1）黄金法则：你希望别人怎样对待你，你就怎样对待他们。
（2）白金法则：别人希望你怎样对待他，你就怎样对待他们。

黄金法则是从自身的角度来看问题。以对待这些人的方式去对待另外一些需求、愿望和希望可能都不一致的人；白金法则在沟通中以他人为主，从以我为中心转变为从研究别人的需要出发，然后调整自己的行为。

二、编写联谊活动策划书

1. 策划书

策划书是对某个未来的活动或者事件进行策划，并展现给读者的文本；策划书是目标规划的文字书，是实现目标的指路灯。

策划书一般分为：商业策划书、创业计划书、广告策划书、活动策划书、营销策划书、网站策划书、项目策划书、公关策划书、婚礼策划书、医疗策划书等。

2. 策划书基本格式

（1）策划书名称。尽可能具体地写出策划名称，如"××年××月××公司××活动策划书"，置于页面中央，当然可以写出正标题后将此作为副标题写在下面。

（2）活动背景。这部分内容应根据策划书的特点在以下项目中选取内容重点阐述。具

第六单元　认知CRM系统和维护客户关系

体项目有：基本情况简介、主要执行对象、近期状况、组织部门、活动开展原因、社会影响以及相关目的动机。还应说明问题的环境特征，主要考虑环境的内在优势、弱点、机会及威胁等因素，对其作好全面的分析（如SWOT分析），将内容重点放在环境分析的各项因素上，对过去及现在的情况进行详细描述，并通过对情况的预测制订计划。例如，环境不明则应该通过调查研究等方式进行分析，加以补充。

（3）策划书的活动目的及活动意义。运用简洁明了的语言将目的要点表述清楚；在陈述目的要点时，该活动的核心构成或策划的独到之处及由此产生的意义（经济效益、社会利益、媒体效应等）都应该明确写出。活动目的要具体化，并需要满足重要性、可行性和时效性要求。

（4）写清需要的资源。列出所需人力资源、物力资源，包括使用的地方。可以分别列出已有资源和需要资源两部分。

（5）活动开展。作为策划的正文部分，表现方式要简洁明了，使人容易理解，但表述方面要力求详尽，写出每一点能设想到的东西，没有遗漏。在此部分中，不仅仅局限于用文字表述，也可适当加入统计图表等；对策划的各工作项目，应按照时间的先后顺序排列，绘制实施时间表有助于方案核查。人员的组织配置、活动对象、相应权责及时间地点也应在这部分加以说明，执行的应变程序也应该在这部分加以考虑。如会场布置、接待室、嘉宾座次、赞助方式、合同协议、媒体支持、校园宣传、广告制作、主持、领导讲话、司仪、会场服务、电子背景、灯光、音响、摄像、信息联络、技术支持、秩序维持、衣着、指挥中心、现场气氛调节、接送车辆、活动后清理人员、合影、餐饮招待、后续联络等。

（6）经费预算。根据实际情况对活动的各项费用进行具体、周密的计算，并用清晰明了的形式列出。

（7）注明活动负责人。注明组织者、参与者、嘉宾的姓名和单位名称。如果是小组策划应注明小组名称、负责人。

内外环境的变化，不可避免的会给方案的执行带来一些不确定性因素，因此，当环境变化时是否有应变措施，损失的概率是多少，造成的损失多大，应急措施等也应在策划中加以说明。

能力培养与训练

实训活动：编写联谊活动策划书

【活动目的】

运用所学知识，编写联谊活动策划书。

【活动组织】

根据性格特征与特长分组，5~7人分为一组。

【活动步骤】

1. 教师介绍本实训活动的内容、要求及注意事项。
2. 各小组根据所学相关知识，编写联谊活动策划书。
3. 各小组展示编写联谊活动策划书。

6 物流客户服务

4．教师进行评价和总结。

【活动内容】

阅读下面的情景材料，编写公司联谊活动策划书。

新疆天业集团物流公司成立于2008年1月，隶属于新疆天业（集团）有限公司，承担着天业集团（公司）生产原料及产品的物流运输、仓储和化工产品的市场销售职能。天业物流公司为加强与客户沟通协作，实现互助双赢。计划在2014年11月8日举办客户联谊会。

【考核要求】

要求联谊活动策划书合理、可行。

实训评价

被考评人				考评地点		
考评内容						
考评指标		考评标准	分值/分	自我评价/分	小组评议/分	实际得分/分
专业知识技能掌握	知道与客户深度沟通的重要性	了解深度沟通的概念，掌握其法则	20			
	编写联谊活动策划书	了解策划书含义，掌握其基本格式	20			
	实训活动情况	正确为物流大客户服务	20			
通用能力培养	出勤	按时到岗，学习准备就绪	10			
	道德自律	自觉遵守纪律，有责任心和荣誉感	10			
	学习态度	积极主动，不怕困难，勇于探索	10			
	团队分工合作	能融入集体，愿意接受任务并积极完成	10			
合　计			100			
考评辅助项目					备　注	
团队之星						
团队互评						

注：1．实际得分=自我评价×40%+小组评议×60%。
　　2．考评满分为100分，59分及以下为不及格；60～74分为及格；75～84分为良好；85分及以上为优秀。
　　3．"团队之星"可以是本次实训活动中突出贡献者，也可以是进步最大者，还可以是其他某一方面表现突出者。
　　4．"团队互评"是由评审团讨论后为各组给予的最终评价。评审团由各组组长组成。当各组完成实训活动后，各组组长先组织本组内部进行商议，然后各组组长将意见带至评审团，评价各组整体工作情况，将各组互评分数填入其中。

拓展提升

沟通的类型

1．按照组织管理系统和沟通体制的规范程度划分

按照组织管理系统和沟通体制的规范程度划分，沟通分为正式沟通和非正式沟通。

（1）正式沟通指在正式社交情境中发生的沟通。

第六单元　认知CRM系统和维护客户关系

（2）非正式沟通指在非正式社会情境中发生的信息交流。

2．根据沟通中信息的传播方向划分

根据沟通中信息的传播方向划分，沟通分为下行沟通、上行沟通、平行沟通和斜向沟通。

（1）下行沟通是指在组织或群体中，从高层次向低层次进行的沟通活动。

（2）上行沟通是指组织或群体中，从低层次向高层次进行的沟通活动，多用于下属人员向管理者的汇报或其他工作活动。

（3）平行沟通是指组织内部同一阶层或职级人员之间的横向沟通，多用于各部门的协调合作工作。

（4）斜向沟通是指发生在不同工作部门和组织层次的员工之间的沟通。

3．根据信息是否以语言为载体进行划分

根据信息是否以语言为载体划分，沟通分为语言沟通和非语言沟通。

（1）语言沟通，是指以语词符号为载体实现的沟通，主要包括口头沟通、书面沟通和电子沟通等。

（2）非语言沟通主要包括：辅助语言，如说话速率；形体语言，如说明性动作、眼神以及仪容仪表。

4．按照沟通的方向特点划分

按照沟通的方向特点划分，沟通分为单向沟通和双向沟通。

（1）单向沟通是指信息仅从发送者流向接收者。

（2）双向沟通是指信息的发送者和接受者的角色发生改变，信息在两者之间双向传递的过程。

单向沟通的速度比双向沟通快；双向沟通的准确性比单向沟通高；双向沟通中有更高的自我效能感；双向沟通中的人际压力比单向沟通时大；双向沟通动态性高，容易受到干扰。

5．根据沟通者的数目划分

根据沟通者的数目划分，沟通分为自我沟通、人际沟通和群体沟通。

（1）自我沟通中，信息的发送者和接受者的行为是由一个人来完成的。比如通过各种方式进行的自我肯定、自我反省等。

（2）人际沟通是指在两个人之间的信息交流过程，最大的特点是有意义的互动性。即，人际沟通必须是两个人之间的，由信息的发送者及接受者，同时有传播信息的媒介，并且双方能达成理解上的一致。

（3）群体沟通，又称小组或者团队沟通，是指在三个及以上的个体之间进行的沟通。个体和群体之间以及群体和群体之间的一对多、多对多的正式或非正式沟通。比如会议、演讲、谈判等，都属于群体沟通。

6．按照沟通的方式划分

按照沟通的方式划分，沟通分为口语沟通和书面沟通。

6 物流客户服务

（1）口语沟通是指借助于口头语言实现的沟通。通常提及口语沟通时，一般都是指面对面的口语沟通。而通过广播、电视等实现的口语沟通通常称做大众沟通或大众传播。

（2）书面沟通指借助于书面文字材料实现的信息交流。通知、广告、文件、报刊杂志等都属于书面沟通形式。

7．按照沟通有无目的划分

按照沟通有无目的划分，沟通可分为有意沟通和无意沟通。

在大多数情况下，沟通都具有一定的目的。这种沟通是有意沟通。但是，有时我们事实上在与别人进行着信息交流，而我们并没有意识到沟通的发生。在这种情况下，沟通是无意沟通。当然，沟通者有时为了某种特定的目的，会故意使自己的有意沟通在信息接受者那里造成错觉，使他们看成是无意沟通。

模块三　认知CRM系统

模块描述

要想将CRM转化为现实，需要CRM系统的帮助。在物流客户关系管理的实施中，软件的支持是不可缺少的。

模块目标

知识目标

1．了解CRM系统的功能。
2．掌握CRM系统的分类。
3．掌握一个完整CRM系统的构成。

能力目标

能分析物流企业CRM系统的数据。

素质目标

积极探索，自学钻研业务，责任心强，团队协作。

情景导入

Tesco（特易购）是英国最大、全球第三大零售商，年收入为200亿英磅，Tesco客户忠诚度方面领先同行，活跃持卡人已超过1400万。Tesco也是世界上最成功、利润最高的网上杂货供应商。

Tesco同沃尔玛一样在利用信息技术进行数据挖掘方面、增强客户忠诚度方面走在前

第六单元　认知CRM系统和维护客户关系

列。通过磁条扫描技术与电子会员卡结合的方式来分析每一个持卡会员的购买偏好和消费模式，并根据这些分析结果来为不同的细分群体设计个性化的每季通讯。Tesco值得借鉴的方法是品牌联合计划，即同商品的几个强势品牌联合推出一个客户忠诚度计划。Tesco的会员制活动就针对不同群体提供了多样的奖励，比如针对家庭妇女的"MeTime"（"我的时间我做主"）活动。家庭女性可以在日常购买中积累点数换取从当地高级美容、美发沙龙到名师设计服装的免费体验或大幅折扣。而且Tesco的会员卡不是一个单纯的集满点数换奖品的忠诚度计划，它是一个客户关系管理系统，能创建和分析消费者数据库，获得更精确的消费者细分，便于采取更有针对性的营销策略。

通过这样的过程，Tesco根据消费者的购买偏好识别了6个细分群体；根据生活阶段分出了8个细分群体；根据使用和购买速度划分了11个细分群体；而根据购买习惯和行为模式来细分的目标群体更是达到5000组之多。而它所为Tesco带来的好处如下：

（1）更有针对性的价格策略。有些价格优惠只提供给了价格敏感度高的组群。

（2）更有选择性的采购计划。进货构成是根据数据库中所反映出来的消费构成而制定的。

（3）更个性化的促销活动。针对不同的细分群体，Tesco设计了不同的每季通讯，并提供了不同的奖励和刺激消费计划。因此，Tesco优惠券的实际使用率达到20%，而不是行业平均的0.5%。

（4）更贴心的客户服务。详细的客户信息使得Tesco可以对重点客户提供特殊服务，如为孕妇配置个人购物助手等。

（5）更可测的营销效果。针对不同细分群体的营销活动可以从他们购买模式的变化看出活动的效果。

（6）更有信服力的市场调查：基础数据库的样本采集更加精确。

以上所列带来的结果，自然就是消费者满意度和忠诚度的提高。

问题：英国最大的零售商Tesco是怎样利用信息技术进行数据挖掘、增强客户忠诚度的？效果如何？

知识储备

当客户资料达到一定程度时，人工处理就变得非常麻烦，就需要使用CRM系统。通过对交易过程的管理，对客户的跟踪、管理和服务，留住老客户，吸引新客户，提高客户满意度，提高物流企业的竞争力。

一、CRM系统的功能

（1）实现与客户的多渠道紧密联系。

（2）实现对客户销售、市场营销、客户服务与支持的全面管理。

（3）实现对客户订单的流程追踪。

（4）实现对客户基本数据的记录、跟踪。

（5）实现对客户群体的划分和趋势研究。

（6）实现数据挖掘和在线联机分析，以提供决策支持。

（7）实现与企业资源计划、供应链管理、办公自动化等系统的紧密集成。

二、CRM系统的分类

按照系统功能分类，CRM系统分为操作型、分析型和协同型三类。

1. 操作型CRM系统

操作型CRM系统主要是通过业务流程的定制实施，让企业员工在销售、营销和服务支持的时候得以用最佳方法提高效率。简单来说，操作型CRM系统可以说是"快速并正确地做事"，也就是按照规章制度的要求和流程标准高效率工作。

2. 分析型CRM系统

分析型CRM系统从ERP、SCM等系统，以及操作型CRM系统、协同型CRM系统等不同渠道收集各种与客户相关的资料，再通过报表系统地分析计算出规律，帮助企业全面地了解客户的分类、行为、满意度、需求和购买趋势等。物流企业可利用上述资料拟定正确的经营管理策略，所以我们可以说分析型CRM系统就是"做正确的事、做该做的事"。

3. 协同型CRM系统

协同型CRM系统整合企业内部沟通、企业与客户接触、互动的管道，包括呼叫中心、网站、电子邮件、即时通信工具等，其目标是提升企业内、企业与客户的沟通能力，同时强化服务时效与质量。

三、CRM系统的构成

1. 客户协作管理子系统

客户协作管理子系统主要实现客户信息的获取、传递、共享和应用；支持呼叫中心、Web服务、电子邮件、传真等多种联系渠道的紧密集成；核心技术是集成多种客户联系渠道的客户联系中心。

2. 业务管理子系统

业务管理子系统主要包括市场营销自动化、销售自动化和客户服务自动化。

3. 分析管理子系统

分析管理子系统主要实现客户数据仓库、数据集市、数据挖掘等工作，在此基础上实现商业智能和决策分析。核心技术是数据仓库技术和数据挖掘技术。

4. 应用集成管理子系统

应用集成主要实现与企业资源计划、供应链管理等应用系统的紧密集成，直至实现整个企业的应用集成。核心技术是企业应用集成技术。

第六单元　认知CRM系统和维护客户关系

能力培养与训练

实训活动：学习物流客户关系管理系统

【活动目的】

了解物流客户关系管理系统的作用，能够根据物流企业的实际情况，判断是否适用物流客户关系管理系统，并在实训过程中提高协作意识。

【活动组织】

根据性格特征与特长分组，5～7人分为一组。

【活动步骤】

1. 教师介绍本实训活动的内容、要求及注意事项。
2. 各小组完成案例分析。
3. 各小组展示案例分析结果。
4. 教师进行评价和总结。

【活动内容】

成都佳盈（中国）物流有限公司（以下简称佳盈）成立于2000年6月，是一家以第三方物流业务和航空货运业务为主的专业物流公司，并于2000年被授予高新技术企业荣誉称号，目前拥有员工84名，仓库面积20000平方米。

佳盈拥有大型营运车辆数十辆，在全国建设有26个物流中心，已经形成了覆盖全国16个主要城市（包括北京、上海、成都、重庆、哈尔滨、长春、沈阳、天津、济南、合肥、广州、南宁、福州、南昌、长沙、杭州）的庞大运营网络，力求通过一体化与网络化的物流运作，为用户提供高品质的航空运输、仓储、包装、配送、快递等单项物流服务及一体化物流运作，合理而有效地控制客户的物流成本，提升客户的市场竞争力。

佳盈公司从2000年成立以来，凭借其雄厚的实力，业务发展迅速，由于物流属于交通运输服务业，在客户资源方面具有两个特点。

（1）客户数量多、种类广。大客户需要十分详细的客户资料管理，中小型客户需要记录联系方式。

（2）客户资料分散。佳盈的客户资料基本掌握在具体业务员手中，常常要找到具体的业务员才能了解客户资料。由于物流行业也是一个新兴的产业，人才流动比较频繁，一个掌握了大量客户资料的员工的流失往往会带走了他所掌握的客户资源，给公司造成较大的损失。同时已有的客户资料是如Excel表格的计算机文档，更多的根本没有形成文档资料，客户信息管理难度相当大，如何保留规范的客户资料成为公司管理工作的一个难题。

问题：佳盈管理层应采取什么方法来有效管理客户资源，全面提高企业的营销能力？

【考核要求】

1. 解决方案合理、可行。
2. 小组之间、成员之间互相配合、互相协作。

6 物流客户服务

实训评价

被考评人			考评地点		
考评内容					
考评指标		考评标准	分值/分	自我评价/分	小组评议/分	实际得分/分
专业知识技能掌握	CRM系统的功能	掌握CRM系统的功能	10			
	CRM系统的分类	掌握CRM系统的分类	10			
	一个完整CRM系统的构成	掌握一个完整CRM系统的构成	10			
	实训活动情况	提出解决方案正确合理	25			
通用能力培养	出勤	按时到岗,学习准备就绪	10			
	道德自律	自觉遵守纪律,有责任心和荣誉感	10			
	学习态度	积极主动,不怕困难,勇于探索	10			
	团队分工合作	能融入集体,愿意接受任务并积极完成	15			
		合　　计	100			
考评辅助项目					备　　注	
团队之星						
团队互评						

注：1. 实际得分=自我评价×40%+小组评议×60%。
　　2. 考评满分为100分，59分及以下为不及格；60～74分为及格；75～84分为良好；85分及以上为优秀。
　　3. "团队之星"可以是本次实训活动中突出贡献者，也可以是进步最大者，还可以是其他某一方面表现突出者。
　　4. "团队互评"是由评审团讨论后为各组给予的最终评价。评审团由各组组长组成。当各组完成实训活动后，各组组长先组织本组内部进行商议，然后各组组长将意见带至评审团，评价各组整体工作情况，将各组互评分数填入其中。

拓展提升

CRM系统的实施

企业需要整体把握客户关系管理的所有实施活动，必须对其实施进行严格的管理。

1．CRM项目实施前的评估

（1）CRM项目资金到位。为了确保CRM系统项目的顺利实施，不同实施阶段的资金都已经到位是一个基本前提。

（2）确定了企业的CRM战略以及其战略目标。所有具体的CRM系统项目必须与企业的CRM战略相一致，只有确立了实施CRM系统的战略计划，才能确保不同阶段的CRM项目的有效衔接。

（3）项目经理已经对实施步骤准备充分。项目经理的工作角色，体现在定义并确认CRM系统的需求、管理项目的执行、协助定义系统成功的标准等方面。项目经理应及时向企业高层汇报项目的进展情况。

（4）项目团队已经定义好企业的CRM需求。CRM需求分析对之后的项目实施工作，以及项目所实施的功能至关重要。对于CRM需求分析，需要项目团队和企业领导层与企业最

第六单元　认知CRM系统和维护客户关系

终的CRM用户共同完成。

（5）建立了CRM项目成功的标准。企业应建立一套评价CRM项目是否成功的标准，作为企业对CRM项目进行评价的依据。

（6）企业所有部门对客户有一个共同的定义。在CRM项目实施之前，应该对客户和其相关信息进行统一的定义，这样才可能最终实现统一的客户信息管理。

（7）企业确定相关应用软件或系统与CRM产品进行集成。企业在选择CRM系统软件时，应充分考虑所选择的系统软件能否与企业其他系统软件进行集成，并应确保这种系统之间的集成性。

2. 组建项目实施团队

项目实施团队的构成主要有项目委员会、项目经理、技术组成员、业务组成员、培训组成员和质量监督委员会等。

3. 项目实施流程

（1）分析与规范。进行综合性的需求分析，确定系统计划。

（2）项目计划的制定和管理。除了制定和管理项目计划，还包括组建和培训项目实施团队。

（3）系统配置与定制。根据企业自身的具体商业需求，重新配置和定制CRM系统软件，并进行必要的培训。

（4）安装、兼容测试及系统重复运行。企业员工在此阶段熟悉和安装系统各个方面的程序，同时在反复运行的基础上对系统进行必要的修改。

（5）主导系统和质量保证的测试。主导系统是一个可重复运行的完美原型，开始应先与规模较小的用户进行合作，并在此过程中对新系统进行进一步的测试。

（6）最后的实施与推广。准备一份项目实施指南，简单列出实施过程中必须完成的各项任务，并对所有用户进行正规培训。

（7）持续支持。配备专门的系统管理员，让系统管理员从计划阶段就开始接触CRM系统，并让供应商提供综合性的支持计划，以支持内部工作组的工作。

综合训练

一、知识部分

（一）名词解释

1. 沟通
2. 深度沟通
3. 策划书

6 物流客户服务

（二）填空题

1. 客户需求可分为_____和_____。
2. 在实际运用中，提问方式可分为_____和_____。
3. 根据信息是否以语言为载体进行传播，可以将沟通分为_____和_____。
4. 按照目前市场上流行的功能分类方法把CRM系统分为_____、_____和_____三类。

（三）简答题

1. 如何了解客户需求？
2. 简述探寻客户需求的步骤。
3. 如何与客户保持良好关系？
4. 简述深度沟通的法则。
5. 简述策划书基本格式。
6. CRM实施的两大支柱基础是什么？
7. 促进CRM实施成功与失败的因素分别是什么？

（四）案例分析题

一位老太太每天去菜市场买菜买水果。一天早晨，她提着篮子来到菜市场，遇到第一个小贩，卖水果的问"你要不要买一些水果？"老太太说："你有什么水果？"小贩说："我这里有李子、桃子、苹果、香蕉，你要买哪种呢？"老太太说："我正要买李子。"小贩赶忙介绍："我的李子又红又甜又大，特好吃。"老太太仔细一看，果然如此。但老太太却摇摇头，没有买，走了。

老太太继续在菜市场转，遇到了第二个小贩。这个小贩也像第一个一样，问老太太买什么水果？老太太说买李子。小贩接着问："我这里有很多李子，有大的，有小的，有酸的，有甜的，你要什么样的呢？"老太太说要买酸李子，小贩说："我这堆李子特别酸，你尝尝？"老太太一咬，果然很酸，满口的酸水。老太太受不了了，但越酸越高兴，马上买了一斤李子。

买完李子，老太太没有回家，继续在市场转，遇到了第三个小贩。同样，小贩问老太太买什么？老太太说买李子。小贩接着问："你买什么李子，"老太太说要买酸李子。但他很好奇，又接着问："别人都买又甜又大的李子，你为什么要买酸李子？"老太太说："我儿媳妇怀孕了，想吃酸的。"小贩马上说："老太太，你对儿媳妇真好！儿媳妇想吃酸的，就说明她想给你生个孙子，所以你要天天给她买酸李子吃，说不定真给你生个大胖小子！"老太太听了很高兴。小贩又问："那你知道不知道这个孕妇最需要什么样的营养？"老太太不懂科学，说不知道。小贩说："其实孕妇最需要的维生素，因为她需要供给这个胎儿维生素。所以光吃酸的还不够，还要多补充维生素。"他接着问："那你知不知道什么水果含维生素最丰富？"老太太还是不知道。小贩说："水果之中，猕猴桃含维生素最丰富，所以你要经常给儿媳妇买猕猴桃才行！这样的话，确保你儿媳妇生出一个漂

第六单元 认知CRM系统和维护客户关系

亮健康的宝宝。"老太太一听很高兴啊,马上买了一斤猕猴桃。当老太太要离开的时候,小贩说:"我天天在这里摆摊,每天进的水果都是最新鲜的,下次来就到我这里来买,还能给你优惠。"从此以后,这个老太太每天在他这里买水果。

问题:三个小贩是如何探寻客户需求的?

二、技能训练

为了加强学生之间的交流,提高协作能力,培养学生良好的兴趣爱好,提升学生的审美能力及综合素质,学校准备举办师生联谊会,请你编写联谊活动策划书。

单元内容

第七单元　学会客户分类和体验大客户服务
　　模块一　尝试客户ABC分类
　　模块二　熟识大客户服务的内容与流程
　　模块三　体验项目管理

第七单元　学会客户分类和体验大客户服务

　　客户是企业生存和发展的动力源泉，是企业的重要资源。企业应对客户进行科学有效的管理，在满足客户需求的同时追求收益的最大化。

7 物流客户服务

模块一　尝试客户ABC分类

模块描述

把客户加以甄别并实行分类管理是实施有效客户管理的前提，也是提高客户管理效率的关键，更是对客户实施有效激励的基础。因此，企业应该下大力气抓客户组合，对不同类别的客户采取不同的管理方法，并建立科学动态的分类管理机制。企业如何识别客户盈利价值的差异性，进而采取有效的管理，以追求收益的最大化，是进行客户分类管理的重要问题。

模块目标

知识目标

了解客户ABC分类的作用、依据，掌握ABC分类法的步骤。

能力目标

能用ABC分类法对客户进行分类，能用ABC分类法对客户进行管理。

素质目标

认真踏实，严谨细致，团队协作。

情景导入

大通物流企业有20个客户，年交易额（单位：万元）如下，试对客户进行ABC分类（保留一位小数）。

①350　②460　③180　④890　⑤1 050　⑥1 200　⑦90　⑧660　⑨750　⑩320
⑪220　⑫410　⑬530　⑭710　⑮380　⑯630　⑰110　⑱280　⑲400　⑳960

知识储备

客户是物流企业生存和发展的动力源泉，是企业的重要资源，应对客户进行科学有效的管理，以追求收益的最大化。按照客户价值进行分类，把客户群分为A类客户（关键客户）、B类客户（主要客户）、C类客户（普通客户）三个类别，即ABC客户分类法。对不同类别的客户，应采取不同的管理方法，并建立科学动态的分类管理机制。

一、分类管理物流客户

1. 物流客户分类法的作用

物流客户服务分类不仅可以大大提高客户满意度，对企业竞争力的贡献也是巨大的，

第七单元　学会客户分类和体验大客户服务

这可从广度、长度、深度三个方面来理解。

（1）广度上。通过细分客户，识别客户特征，分析客户偏好，找到潜在客户及需求，使活动更具有针对性和有效性，获得更多新客户。

（2）长度上。通过客户分层管理，对不同价值等级的客户提供更具有针对性的服务和产品，使客户满意度提高，维持长久、稳固的客户关系，降低客户流失率。

（3）深度上。通过客户价值挖掘和客户价值评估，发现客户的赢利能力和价值潜力，挖掘更多的机会，实现交叉、增量和推荐业务，使客户利润率提高，实现客户价值最大化。

2. 描述物流客户分类依据

（1）帕累托法则的来源。帕累托法则是20世纪初意大利统计学家、经济学家维尔弗雷多·帕累托提出的，他指出：在任何特定群体中，重要的因子通常只占少数，而不重要的因子则占多数，因此只要能控制具有重要性的少数因子即能控制全局。例如，80%的公司利润来自20%的重要客户，其余20%的利润则来自80%的普通客户。

（2）ABC分类法。1951年，管理学家戴克将帕累托法则应用于库存管理，将库存货品按品种和占用资金多少分成A、B、C三类进行管理，称为ABC分析法。1951年～1956年，约瑟夫·朱兰将ABC法引入质量管理，用于质量问题的分析，被称为排列图。1963年，彼得·德鲁克将这一方法推广到全部社会现象，使ABC法成为企业提高效益的普遍应用的管理方法。

（3）ABC分类的步骤。在客户管理中，按照客户价值分类，找到最有价值的客户，才是企业最重要的工作。客户管理的一个重要原则就是要做好对重要客户的管理。为此，就要进行客户类型分析，在成交额和发展潜力的基础上对现有客户进行分类，如图7-1所示。

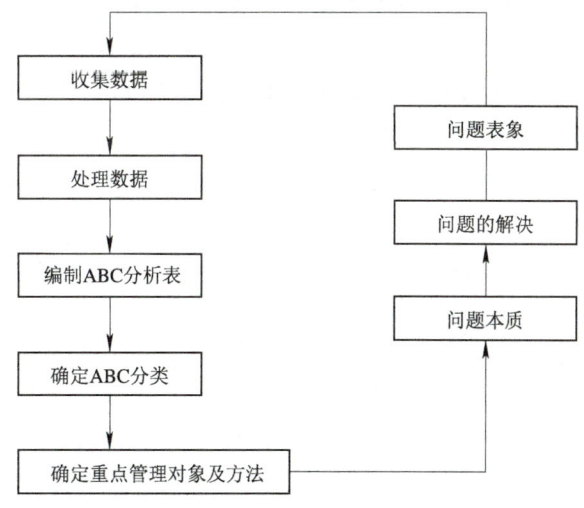

图7-1　ABC分类步骤

1）收集数据。按分析对象和分析内容，收集有关数据。

2）对收集来的数据资料进行整理，按要求计算和汇总。

① 计算每一种货物的金额。

② 按照金额由大到小排序并列成表格。

③ 计算每一种材料金额占库存总金额的比率。

7 物流客户服务

④ 计算累计比率。

3）编制ABC分析表。编制ABC分析表，把计算汇总的结果填入表中。

4）根据ABC分析表确定分类，绘制ABC分析图。将累计品目百分数为5%~15%而平均资金占用额累计百分数为60%~80%的前几个物品，确定为A类；将累计品目百分数为20%~30%，而平均资金占用额累计百分数也为20%~30%的物品，确定为B类；其余为C类，C类情况正和A类相反，其累计品目百分数为60%~80%，而平均资金占用额累计百分数仅为5%~15%。

5）确定重点管理对象及方法。根据ABC分类法分析的结果，对ABC三类客户采取不同的管理策略，如图7-2所示。

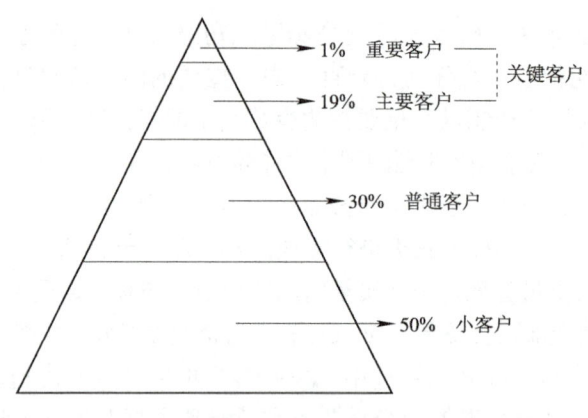

图7-2　ABC分类图

① 重要客户。重要客户是客户金字塔最高层的客户，是能够给企业带来最大价值的前1%的客户。重要客户往往对企业忠诚，是企业客户资产中最稳定的部分，他们为企业创造绝大部分和长期的利润，而企业却只要支付较低的服务成本；他们对价格不敏感，也乐意适用新产品，还可帮助企业介绍潜在客户，为企业节省开发新客户的成本；他们不但有很高的当前价值，而且具有巨大的增值潜力，其业务总量在不断增大，未来在增量销售、交叉销售等方面仍有潜力可挖。

② 主要客户。主要客户是客户金字塔中次高层的客户，是除重要客户之外给企业带来最大价值的前20%的客户，一般占总数的19%。

主要客户也许是企业产品或者服务的大量使用者，也许是中度使用者，但是他们对价格的敏感度比较高，因而为企业创造的利润和价值没有重要客户那么高；他们也没有重要客户那么忠诚，为了降低风险，他们会同时与多家同类型的企业保持长期关系；他们也在真诚、积极地为本企业介绍新客户，但在增量销售、交叉销售方面已经没有多少潜力可供进一步挖掘。

③ 关键客户。重要客户和主要客户构成了企业的关键客户，他们是企业的核心客户，一般占企业客户总数的20%，企业80%的利润靠他们贡献，他们是企业的重点保护对象。

④ 普通客户。普通客户是客户金字塔中处在第三层的客户，是除重要客户与主要客户之外的为企业创造最大价值的前50%的客户，一般占客户总数的30%。

普通客户包含的客户数量较大，但他们的购买力、忠诚度、能够带来的价值却远比不上重要客户与主要客户，不值得企业去特殊对待。

第七单元　学会客户分类和体验大客户服务

⑤小客户。小客户是客户金字塔中最底层的客户，指除了上述客户外，剩下的后50%的客户。小客户既包含了利润低的"小客户"，也包含了信用低的"劣质客户"。

这类客户是最没有吸引力的一类客户，购买量不多，忠诚度也很低，偶尔购买，却经常延期支付甚至不付款；他们还经常提出苛刻的服务要求，几乎不能给企业带来赢利，而且消耗企业的资源；有时他们是问题客户，会向他人抱怨，破坏企业的形象。

能力培养与训练

实训活动：寻找客户

【活动目的】

运用所学知识，对中外运股份有限公司广东分公司的现有客户进行分类。

【活动组织】

通过阅读情景材料，每4~5名学生分为一组，确定一名组长。

【活动步骤】

1. 各组根据情景材料，分析案例，对客户进行分类。
2. 各组派代表讲解，教师根据学生表现进行指导、点评。

【活动内容】

请阅读下面的情景材料，分组完成客户分类。

中国外运股份有限公司广东分公司的客户主要集中在进出口贸易、轻工制造、货运代理公司和船务公司等几类行业。同时，通过综合物流和项目物流服务，已在消费电子、通信、快速消费品、化工、汽车及其配套产业中拥有一批国内外具有相当品牌影响力的客户群。主要客户的企业类型包括外资企业、私营企业以及股份制企业，均以大中型规模的企业为主。中等规模、年营业额在1000~9999万的企业占到42.1%；规模较大、年收入在1亿元以上的企业占到17.9%。并且客户在物流运输业务的支出规模，总体上处于中高水平。

广东公司的客户管理仍然是以省公司市场部设定客户管理办法，向下属业务单位推行的方式进行。按照货源及合作的稳定性不同，将公司的所有客户划分为三类：直接客户、船公司、同行（如货代、物流公司等）。对客户的评判以货量、收入为主要的标准。每月要求下属业务单位提取当月货量、收入前五位的客户，向广东公司市场部提交数据统计报表，市场部对统计报表进行简单分析，对业务单位的市场拓展及客户管理提供参考意见和建议。此阶段的客户管理，还仅仅停留在客户管理理念的引进、导入上。对客户仅从货源和与客户间的关系稳定性不同方面较简单地分为三类：直接客户、货代同行、船公司。对这三类客户的营销手段也比较单一，以比拼价格为主。如对熟知市场行情、货量较大的船公司、同行，以低价吸引，但是此类客户的忠诚度往往较低。分类指标较单一，且无法体现客户对公司的价值及贡献率等公司需要重点关注的因素。公司对客户管理关注的焦点只是客户带来的收益流，因此货量、收入成为了衡量客户价值的主要标准。对重点客户的把握，只是对货量、收入较大的客户给予特别的关注，让其享受最优惠的价格、优质的服务，但是

7 物流客户服务

这些大客户中有许多非但不是利润大户,而且往往无利可图甚至是负利润的客户。公司在客户的资源分配上没有设置一个合理的客户价值判别标准,盲目扩大了收益对利润的作用,对所谓的大客户服务过度,对利润率、客户潜力、合作关系等因素的考虑较少,往往忽略有潜力、利润丰厚的直接客户。这一阶段公司的客户利润贡献率较低,客户流失率较高。因此,确立新的分类指标,对公司的所有客户进行更准确的分类,是当前面临的重要问题。

【考核要求】

客户分类合理,提高客户满意度,降低客户流失率(除去公司有意放弃的客户外)。

实训评价

被考评人			考评地点		
考评内容					
考评指标		考评标准	分值/分	自我评价/分	小组评议/分	实际得分/分
专业知识技能掌握	知道分类管理物流客户是合理分配企业资源的需要	掌握ABC分类法的作用	10			
	描述客户分类依据	掌握帕累托法则和ABC分类法	10			
	能初步对客户进行分类管理	掌握ABC分类步骤与ABC客户的管理	15			
	实训活动情况	能正确对客户进行分类	25			
通用能力培养	出勤	按时到岗,学习准备就绪	10			
	道德自律	自觉遵守纪律,有责任心和荣誉感	10			
	学习态度	积极主动,不怕困难,勇于探索	10			
	团队分工合作	能融入集体,愿意接受任务并积极完成	10			
合计			100			
考评辅助项目				备注		
团队之星						
团队互评						

注: 1. 实际得分=自我评价×40%+小组评议×60%。
2. 考评满分为100分,59分及以下为不及格;60~74分为及格;75~84分为良好;85分及以上为优秀。
3. "团队之星"可以是本次实训活动中突出贡献者,也可以是进步最大者,还可以是其他某一方面表现突出者。
4. "团队互评"是由评审团讨论后为各组给予的最终评价。评审团由各组组长组成。当各组完成实训活动后,各组组长先组织本组内部进行商议,然后各组组长将意见带至评审团,评价各组整体工作情况,将各组互评分数填入其中。

拓展提升

基于客户价值的物流企业客户分类方法

综合考虑客户生命周期阶段与客户发展潜力两个因素来评价客户价值,并以此为依据进行客户分类。

客户生命周期是指客户关系水平随时间变化的发展轨迹,它描述了客户关系从一种状态(一个阶段)向另一种状态(另一阶段)运动的总体特征。客户的生命周期阶段反映了客户与企业之间关系的强弱程度,随着客户生命周期阶段的发展,客户与企业交易量不断增加,客户支付意愿不断提高,交易成本不断下降,间接效益不断扩大。当客户与企业

第七单元 学会客户分类和体验大客户服务

的关系出现倒退时，客户带给企业的交易量与利润都将急速下降。因此，在评价客户价值时，应将客户的生命周期阶段作为一个重要的因素。经研究表明，表征客户生命周期各阶段的特征变量分别为：①交易额，它反映客户与企业交易量的大小；②利润额，它能反映客户带给企业利润的大小；③客户份额，是指客户所购买企业的产品数量在客户的总体购买量中所占的比例，反映了企业在客户心目中的地位。

评价客户价值的另一个重要因素是客户发展潜力。因为从客户的生命周期发展的各阶段来看，当客户与企业的关系处在发展上升的阶段时，客户与企业的交易量会不断增加。但对于发展潜力很低的客户来说，即使与企业的关系处于上升期，但由于客户带给企业的利润已达到了客户自身所能承受的极限，因此企业在将来能从客户身上的获利则很少，那么其客户价值也不高。相反，对于发展潜力很高的客户来说，当他与企业的关系已处在末期，与企业的交易量不断下降甚至可能为零，则企业不能从该客户身上获利，那么其客户价值同样不高。

综合考虑客户生命周期阶段与客户发展潜力两个因素，可以选定资金状况、稳定性和收入指标这三项指标（表征客户生命周期各阶段）作为分类的依据，并使用附加指标（表征客户发展潜力）对最终分类结果进行修正。

附加指标通过知名度、市场地位、行业和企业的发展空间这四个二级指标来表征客户在将来能给企业带来更多价值的可能性的大小，即客户的发展潜力。附加指标对最终分类结果起修正作用，不作为分类指标。

模块二 熟识大客户服务的内容与流程

模块描述

少数大客户创造了物流企业大部分收入，大客户的价值支撑了企业的价值。大客户的管理对于企业具有重要意义。客户服务人员必须具备服务大客户的知识和能力。

模块目标

知识目标
掌握服务物流大客户的内容和关键因素。
能力目标
1. 能服务于物流大客户。
2. 能协调解决服务于物流大客户中存在问题。
素质目标
热情大方，严谨细致，团队协作。

情景导入

2014年4月5日下午两点，一个德国的大客户打来电话，要求海天公司必须在两天内发

7 物流客户服务

货,否则订单自动失效,而两天内发货意味着当天下午所要的货物必须装船,而此刻正是星期五下午两点,按海关、商检等有关部门下午五点下班计算,时间只有三小时,按照一般程序,做到这一切几乎是不可能的。

问题:海天公司如何将不可能变成可能?

知识储备

大客户是在过去特定时间内消费额最多的客户。这类客户是企业的优质核心客户群,由于他们经营稳健,做事规矩,信誉度好,对企业的贡献最大,能给企业带来长期稳定的收入,值得企业花费大量时间和精力来提高该类客户的满意度。

一、大客户和大客户管理的概念

大客户又称为核心客户、重点客户、主要客户、关键客户或优质客户等,是市场上卖方认为具有战略意义的客户或是能给企业带来最大利润的客户,经常被挑选出来并给与特别关注。根据帕累托法则,企业80%的利润来源于20%的高端客户,这20%的客户就是物流企业的大客户。

大客户管理是企业以客户为中心的思想和关系营销发展的必然结果。大客户管理是卖方采用的一种方法,目的是通过持续地为客户量身定做产品和服务,满足顾客的特定需要,从而培养出忠诚的大客户。

二、服务物流大客户

1. 大客户管理的内容

大客户管理是在严谨的市场分析、竞争分析、客户分析基础之上,通过界定目标客户,以对战略规划管理、目标与计划管理、销售流程管理、团队管理、市场营销管理、客户关系管理等方面进行的系统管理,达到为大客户管理确定总体战略方向、提供过程管理工具和制订具体工作计划的目的,如图7-3所示。

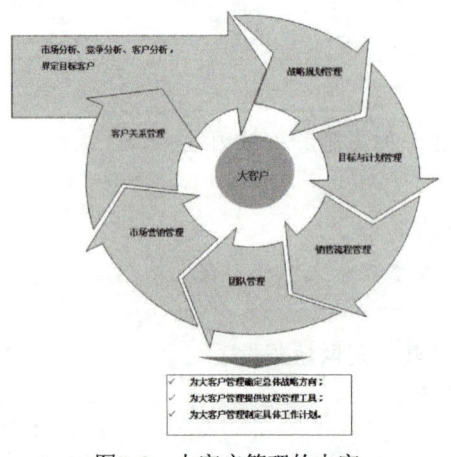

图7-3 大客户管理的内容

第七单元 学会客户分类和体验大客户服务

2. 大客户管理的流程

大客户管理的流程实质上可以分解为对大项目的销售流程管理和对大客户的客户关系管理两个有机整体，辅助以战略规划管理、目标与计划管理、市场营销管理和团队管理等管理系统，是一个立足全局的综合管理体系，如图7-4所示。

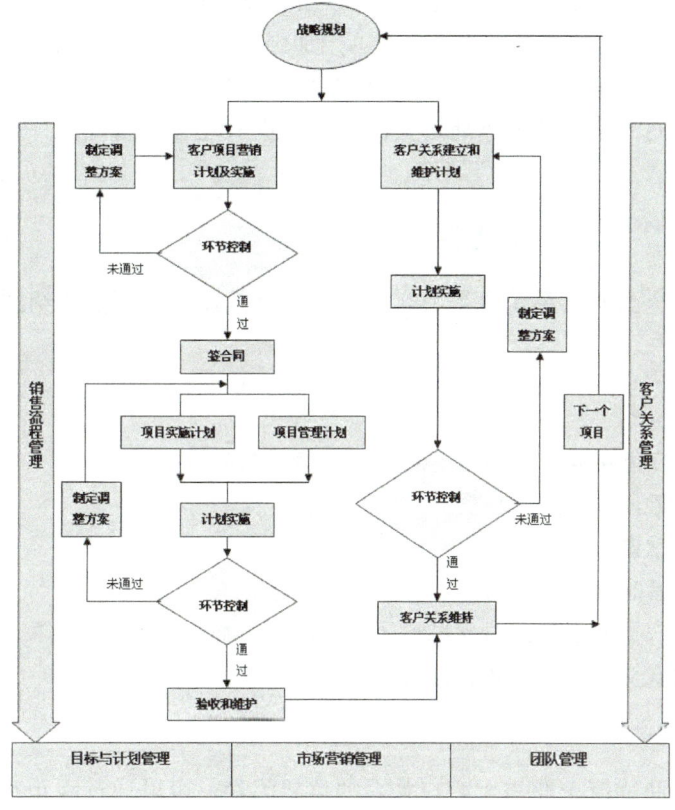

图7-4 大客户管理的流程

3. 服务物流大客户

鉴于大客户的重要性，物流企业有必要针对大客户开展个性化的服务。

（1）建立大客户服务机构。为了更好地服务大客户，物流企业可设置大客户服务机构。完善服务工作的考核制度，形成岗位有责任、责任有目标、目标有考核、考核有奖惩的激励机制。对每个团队成员界定责、权、利，这是大客户管理的核心所在。

（2）提供和谐的运营环境。物流企业应为相关部门和人员提供信息实时分享，为客户反馈提供多种渠道，促进物流企业与客户连续的双向沟通。

（3）加强大客户的经营分析。时刻关注大客户的经营情况，真正建立起大客户快速反应的市场竞争机制。

（4）帮助大客户提升自身价值。物流企业应把有限的资源向大客户倾斜，提供其需要的附加利益，提升大客户的价值。

7 物流客户服务

（5）为大客户提供个性化服务。实施有针对性的个性化服务，可以增强大客户的忠诚度。

（6）对大客户进行回访。对大客户及时回访，这是服务工作的基本要求，能拉近与大客户的关系，赢得大客户的配合、支持，解决存在问题。做好服务的准备工作是回访的前提，包括充分了解大客户的信息、对大客户要求及时反应等。

（7）与大客户建立合作共赢关系。与大客户加强合作，建立长期合作关系。

（8）实施大客户战略联盟。大客户战略联盟是指物流企业从长远的战略目标考虑，为了企业和大客户之间的共同发展，通过资源共享、优势互补，结成一种长期的合作、发展关系。

三、维护大客户关系的关键因素

与大客户建立全面的关系是赢得大客户的一个有效途径。下面介绍维护大客户关系的关键因素。

1. 信任

信任是与大客户建立良好关系的基础。建立信任的途径如下：

（1）高频率接触，进行感情投资。

（2）积极履行承诺，解决问题。

（3）高层管理者时刻关注大客户。

（4）支持大客户重要活动，对问题给予警示。

（5）进行开放式交流，举办各种活动。

2. 竞争对手

竞争对手是威胁物流企业与大客户关系的重要因素，可以通过阻止对手进入和巩固对手退出来阻止竞争对手，巩固与大客户的关系。

3. 阻止对手进入

阻止对手进入的方法如下：

（1）与大客户建立关系网络。

（2）与大客户保持电子联络。

（3）提供增值服务。

（4）制定竞争性低价。

（5）共同制订长期合作计划。

（6）保持密切接触。

4. 巩固对手退出

巩固对手退出是指物流企业采取各种措施使其成为大客户不可或缺的合作伙伴。巩固对手退出的方法如下：

（1）建立大客户服务机构。

第七单元　学会客户分类和体验大客户服务

（2）鼓励企业内合作。
（3）给予财务上的支持。
（4）提供融资方案。
（5）让大客户产生技术依赖。
（6）优先配给权和优惠。
（7）为大客户开发独特的设计。
（8）给予特殊的培训支持。

5．合作风险

物流企业与大客户进行业务合作，就要共同承担合作性风险。这能使合作双方形成利益统一体，提升与大客户的关系。但是如果不善于控制风险，也会给大客户关系带来严重威胁。

能力培养与训练

实训活动：服务物流大客户

【活动目的】

运用服务物流大客户的知识，分析问题，解决问题。

【活动组织】

根据性格特征与特长分组，5～7人分为一组。

【活动步骤】

1. 教师介绍本实训活动的内容、要求及注意事项。
2. 各小组根据所学相关知识，解决情景材料中的问题。
3. 各小组展示解决方案。
4. 教师进行评价和总结。

【活动内容】

某经销商是一公司在浙江的重要客户，船运是其主要的到货方式，2013年影响该经销商销售和利润的最大问题是公司的船期无法保证，造成其断货现象时有发生。尤其在台风季节运输矛盾更突出，而这又是销售的旺季。该经销商声称2013年由于公司到货不及时的原因，造成其经济损失，若2014年的运输状况未有改善，则给予其相应价格上的补偿。

问题： 如果你是客户经理，你应该怎样解决问题？

【考核要求】

提出的解决方案合理、可行。

7 物流客户服务

实训评价

考评指标		考评标准	分值/分	自我评价/分	小组评议/分	实际得分/分
被考评人			考评地点			
考评内容						
专业知识技能掌握	大客户和大客户管理	正确理解大客户和大客户管理的含义	10			
	服务物流大客户	掌握大客户管理的内容、流程和方法	15			
	维护大客户关系的关键因素	掌握维护大客户关系的关键因素	10			
	实训活动情况	正确为物流大客户服务	25			
通用能力培养	出勤	按时到岗,学习准备就绪	10			
	道德自律	自觉遵守纪律,有责任心和荣誉感	10			
	学习态度	积极主动,不怕困难,勇于探索	10			
	团队分工合作	能融入集体,愿意接受任务并积极完成	10			
合 计			100			
考评辅助项目					备 注	
团队之星						
团队互评						

注:1. 实际得分=自我评价×40%+小组评议×60%。
2. 考评满分为100分,59分及以下为不及格;60~74分为及格;75~84分为良好;85分及以上为优秀。
3. "团队之星"可以是本次实训活动中突出贡献者,也可以是进步最大者,还可以是其他某一方面表现突出者。
4. "团队互评"是由评审团讨论后为各组给予的最终评价。评审团由各组组长组成。当各组完成实训活动后,各组组长先组织本组内部进行商议,然后各组组长将意见带至评审团,评价各组整体工作情况,将各组互评分数填入其中。

拓展提升

识别物流企业大客户的方法

通过以下指标的计算来识别物流企业大客户。

1. 年营业额的计算

物流企业可以通过CRM系统计算每个客户的年营业额。

2. 总收入的计算

物流企业计算每个客户的年总收入。

3. 接触成本的计算

物流企业需要认真核算与客户接触、客户服务相关的所有成本,确认所有直接费用和间接费用。

4. 客户净利润的计算

物流企业需要评估不同客户产生的利润水平,分析接触成本高低的原因。

第七单元 学会客户分类和体验大客户服务

5．合作关系持续时间的计算

只有通过对整个客户关系生命周期的评估，才能准确评估客户的总体价值。可以按下述方法预测客户关系生命周期。

（1）计算客户关系生命周期的平均时间，如1年、3年、5年、10年或15年。

（2）进行客户调查，以确认客户将来在公司再次购买商品的赢利性。

（3）进行一次简单的客户交易评估。

6．客户预期赢利的计算

物流企业在估计出客户关系周期和净利润之后，可以将两项相乘，计算客户预期总利润。未来赢利应将公司内部资金成本计算在内。

模块三 体验项目管理

模块描述

20%的大客户贡献80%的利润。由此可见，大客户对企业的利润而言举足轻重。因此，80%的资源应用于服务20%的大客户。现实中大客户管理难度很大，它有独特的特点，需要特定的技能，并对大客户进行项目管理。

模块目标

知识目标

1. 掌握项目管理的含义、形式、内容、过程与方法。
2. 掌握投标任务书的格式、要求。

能力目标

1. 能进行管理。
2. 能撰写投标任务书。

素质目标

勇于探索，不怕困难，积极主动，踏实工作，遵守法律法规，责任心和荣誉感强，具有团队合作精神。

情景导入

上帝把六只饥寒交迫的猴子安排到一座山上，让它们看管那里的桃园，每日只供它们三顿饱餐。他们的工作就是看桃、摘桃，并把摘下的桃子及时送到上帝那里去。

临上任前，上帝给它们开了一个会。上帝说："从此以后你们就是一个集体了，你们要团结互助地做好本职工作，不能少收一个桃子，更不能弄丢一个桃子。"

问题：如果你是项目经理，怎么去管理这6只猴子？

7 物流客户服务

知识储备

不同职能部门的成员因为某一个项目而组成团队，项目经理是项目团队的领导者，他所肩负的责任就是领导他的团队准时、优质地完成全部工作。项目管理可以帮助企业处理需要跨领域解决的复杂问题，并实现更高的运营效率。

一、项目管理的基本知识

1. 项目管理的概念

项目管理是指运用各种相关知识、技能、方法与工具，为满足或超越项目有关各方对项目的要求与期望所开展的各种计划、组织、领导、控制等方面的活动。

按照传统的做法，当企业设定了一个项目后，参与这个项目的至少会有好几个部门，包括财务部门、市场部门、行政部门等，而不同部门在运作项目过程中不可避免地会产生摩擦，须进行协调，而这些无疑会增加项目的成本，影响项目实施的效率。项目管理的做法则不同。项目的管理者不仅仅是项目执行者，他参与项目的需求确定、项目选择、计划直至收尾的全过程，并在时间、成本、质量、风险、合同、采购、人力资源等各个方面对项目进行全方位的管理，因此项目管理可以帮助企业处理需要跨领域解决的复杂问题，并实现更高的运营效率。

2. 项目管理的形式

（1）设置项目管理的专门机构，对项目进行专门管理。
（2）设置项目专职管理人员，对项目进行专职管理。
（3）设置项目主管，对项目进行临时授权管理。
（4）设置矩阵结构的组织形式，对项目进行综合管理。矩阵结构就是由纵横两套管理系统组成的矩形组织结构。一套是纵向的部门职能系统，另一套是由项目组成的横向项目系统。将横向项目系统在运行中与纵向部门职能系统两者交叉重叠起来，就组成一个矩阵。

3. 项目管理的内容

（1）项目范围管理。项目范围管理是为了实现项目的目标，对项目的工作内容进行控制的管理过程。它包括范围的界定、范围的规划、范围的调整等。

（2）项目时间管理。项目时间管理是为了确保项目最终按时完成的一系列管理过程。它包括具体活动界定、活动排序、时间估计、进度安排及时间控制等工作。

（3）项目成本管理。项目成本管理是为了保证完成项目的实际成本、费用不超过预算成本、费用的管理过程。它包括资源的配置，成本、费用的预算以及费用的控制等工作。

（4）项目质量管理。项目质量管理是为了确保项目达到客户规定的质量要求所实施的一系列管理过程。它包括质量规划、质量控制和质量保证等。

（5）人力资源管理。人力资源管理是为了保证所有项目关系人的能力和积极性都得到最有效地发挥和利用所做的一系列管理措施。它包括组织的规划、团队的建设、人员的选

第七单元　学会客户分类和体验大客户服务

聘和项目的团队建设等一系列工作。

（6）项目沟通管理。项目沟通管理是为了确保项目信息的合理收集和传输所需要实施的一系列措施，它包括沟通规划、信息传输和进度报告等。

（7）项目风险管理。项目风险管理涉及项目可能遇到各种不确定因素。它包括风险识别、风险量化、制订对策和风险控制等。

（8）项目采购管理。项目采购管理是为了从项目实施组织之外获得所需资源或服务而采取的一系列管理措施。它包括采购计划、采购与征购、资源的选择以及合同的管理等工作。

（9）项目集成管理。项目集成管理是指为确保项目各项工作能够有机地协调和配合所展开的综合性和全局性的项目管理工作和过程。它包括项目集成计划的制定、项目集成计划的实施、项目变动的总体控制等。

4. 项目管理的过程

项目管理可分为五个过程组，每个过程组的主要目标如下：

（1）启动过程组，明确并核准项目或项目阶段。

（2）规划过程组，确定和细化目标，并为实现项目目标和完成项目要解决的问题范围而规划必要的行动路线。

（3）执行过程组，协调人与其他资源以实施项目管理计划。

（4）监控过程组，定期测量并监控绩效情况，发现偏离项目管理计划之处，以采取纠正措施来实现项目的目标。

（5）收尾过程组，正式验收产品、服务或成果，并有条不紊地结束项目或项目阶段。

5. 项目管理的方法

（1）按管理目标划分，项目管理的方法可分为进度管理、质量管理、成本管理、安全管理和现场管理五种方法。

（2）按管理的量性分类，项目管理的方法可分为定性、定量和综合管理三种方法。

（3）按管理的专业性质分类，项目管理的方法可分为行政管理、经济管理、技术管理和法律管理方法等。

实际工作中常用的方法主要有要素分层法、方案比较法、资金的时间价值、评价指标体系、项目财务评价、国民经济评价法、不确定性分析、环境影响评价、项目融资、模拟技术、里程碑计划、工作分解结构、责任矩阵、网络计划技术、甘特图、资源费用曲线、质量技术文件、并行工程、数理统计、偏差分析法、决策树、鱼骨刺图、直方图、生命周期成本等方法。

二、项目物流

1. 项目物流的主体

承揽项目物流的主体必须具有进行项目物流资源的组织和运作的监控能力，其运作可以自己完成，也可以委托第三方物流来完成。

2. 项目物流技术创新

项目物流因项目而异，可以通过技术创新提高物流运作效率，完善服务水平。

3. 项目物流外包

由于项目的特殊性，企业往往不可能自己完成全部工作。物流企业可以提供专业方案，提高企业运营效率。

三、撰写投标任务书

投标是与招标相对应的概念，是指投标人应招标人的邀请，按照招标的要求和条件，在规定的时间内向招标人递价，争取中标的行为。

投标的基本做法：投标人首先取得招标文件，认真分析研究后编制投标书。投标书内容必须十分明确，中标后与招标人签订合同所要包含的重要内容应全部列入，并在有效期内不得撤回标书、变更标书报价或对标书内容作实质性修改。为防止投标人在投标后撤标或在中标后拒不签订合同，招标人通常都要求投标人提供一定比例或金额的投标保证金。招标人决定中标人后，未中标的投标人已缴纳的保证金即予退还。

1. 投标书的格式

（1）投标书封面格式。

投标书封面格式如图7-5所示。

```
投 标 书
建 设 项 目 名 称：
投 标 单 位：
投 标 单 位 全 权 代 表：
投 标 单 位：     （公章）
年   月   日
```

图7-5　投标书封面格式

（2）投标书格式。投标书一般由以下几个部分组成。

1）标题。标题一般由投标方的名称、投标项目和文种组成，如"××公司承包××学院新校区工程投标书"。也可由投标方的名称与文种两部分组成，如"××建筑工程公司投标书"。更多的是用文种直接做标题，如"投标书"。

2）招标单位名称。招标单位名称，即投标书的主送机关。要顶格书写招标单位的全称，与书信的称谓和写法相同。

3）正文。正文可分为前言、主体和结尾三部分。

① 前言又称引言，简明扼要地说明投标方的名称、投标的方针、目标以及中标后的承诺等内容，开宗明义，提纲挈领。

② 主体。这是投标书的核心部分，要依照招标书的要求，认真细致地写好以下内容。

第七单元　学会客户分类和体验大客户服务

a）投标的具体指标。

b）完成指标的措施。要写明实现指标、完成任务的技术组织措施，这是具体指标和任务完成的保障。

c）投标书的有效期限。投标方将按招标文件的要求交纳银行担保书和履约保证金。

③ 结尾。通常以提出建议结束，即对招标单位提出予以支持和配合的要求等，也可说明对招标单位不一定接受最低价和可能接受任何投标书表示理解。

4）附件。投标书一般都有附件。以建筑工程投标书为例，附件包括工程量清单或单位工程主要部分的标价明细表，单位工程的主要材料、设备标价明细表，重要的大型工程还要附上保证书。

5）落款。投标书要写明投标单位的名称、地址、电话、电报挂号、传真、邮编等，以便招标单位进行联系。表格式投标书一般是由招标单位编制的，投标方只需按要求填写即可。

2. 投标书的写作要求

（1）情况要了解清楚。起草投标书前一定要了解清楚各方面的情况：①全面了解招标公告的内容。②全面了解招标项目的市场情况，做到知己知彼。成本核算要合理，报价要适当。

（2）自我介绍要实际。投标者对自身条件和能力的介绍要实事求是，不虚夸，不溢美。投标书中提出的措施、办法要切实可行。

（3）内容表述要规范。投标书的内容关系到中标机会，要注意与招标书相对应，对招标条件和要求做出明确的回答和说明，数字要精确，单价、合计、总报价均应仔细核对，投标书的体式也要完整无缺。

（4）要堵塞漏洞。要防止投标书中出现漏洞，如未密封或未加盖公章、负责人未盖印章、保证完成的时间与招标的规定不符等问题。若不注意，就可能成为无效投标书。

（5）要遵守法律法规。投标者不得相互串通投标报价，不得与招标者串通投标，也不得以低于成本的报价竞标。

能力培养与训练

实训活动：项目管理案例分析

【活动目的】

运用所学项目管理知识，分析项目管理案例。

【活动组织】

学生5～7人一组，分成若干小组。由组长领导小组成员分析项目管理案例。

【活动步骤】

1. 各小组运用所学，分析项目管理案例。
2. 各小组展示，互相点评。

7 物流客户服务

3. 教师进行评价和总结。

【活动内容】

上海顺达物流公司的项目经理小刘正在接手一个项目：F1赛事的设备和比赛用车的空运出口通关和赛车场的地面操作服务。小刘的项目组由五个人组成，其中老张是业务骨干。由于他在日常工作中经常迟到早退，经研发部经理口头批评后仍没有改善，研发部经理萌生了解雇此人的做法。但是老张的离职会严重影响项目的工期，因此小刘提醒老张要遵守公司的有关规定，并与部门经理协调，希望给老张一个机会，但老张仍然我行我素。项目开始不久，研发部经理口头告诉小刘要解雇老张，为此，小刘感到很为难。

问题：

（1）从项目管理的角度，请简要分析造成小刘为难的主要原因。

（2）请简要叙述面对上述困境应如何妥善处理。

（3）请简要说明该公司和项目经理应采取哪些措施以避免类似情况的发生。

实训评价

被考评人			考评地点		
考评内容					
考评指标	考评标准	分值/分	自我评价/分	小组评议/分	实际得分/分
专业知识技能掌握	懂得项目管理基本知识	掌握项目管理的概念、形式、内容和过程	15			
	会撰写投标任务书	掌握投标书的格式和书写要求	15			
	实训活动情况	分析案例，回答问题	30			
通用能力培养	出勤	按时到岗，学习准备就绪	10			
	道德自律	自觉遵守纪律，有责任心和荣誉感	10			
	学习态度	积极主动，不怕困难，勇于探索	10			
	团队分工合作	能融入集体，愿意接受任务并积极完成	10			
合　计			100			
考评辅助项目				备　注	
团队之星					
团队互评					

注：1. 实际得分=自我评价×40%+小组评议×60%。

2. 考评满分为100分，59分及以下为不及格；60～74分为及格；75～84分为良好；85分及以上为优秀。

3. "团队之星"可以是本次实训活动中突出贡献者，也可以是进步最大者，还可以是其他某一方面表现突出者。

4. "团队互评"是由评审团讨论后为各组给予的最终评价。评审团由各组组长组成。当各组完成实训活动后，各组组长先组织本组内部进行商议，然后各组组长将意见带至评审团，评价各组整体工作情况，将各组互评分数填入其中。

拓展提升

项目管理认证体系

国际上比较认可的项目管理认证体系主要有IPMP和PMP两大类。

第七单元　学会客户分类和体验大客户服务

1. IPMP

IPMP（International Project Mangement Professional）是国际项目管理专业资质认证的简称，是IPMA（International Project Managemetnt Associafion，国际项目管理协会）在全球推行的四级项目管理专业资质认证体系的总称。IPMA依据国际项目管理专业资质标准，针对项目管理人员专业水平的不同将项目管理专业人员资质认证划分为四个等级，即A级、B级、C级、D级，每个等级分别授予不同级别的证书，分别具有负责大型国际项目、大型复杂项目、一般复杂项目或具有从事项目管理专业工作的能力。

2. PMP

PMP（Project Mangement Professional）是项目管理专业资格认证的简称，由美国项目管理协会（PMI）发起，严格评估项目管理人员知识技能是否具有高品质的资格认证体系。其目的是为了给项目管理人员提供统一的行业标准。

综合训练

一、知识部分

（一）名词解释

1. ABC分类法
2. 大客户
3. 项目管理
4. 项目物流
5. 投标

（二）简答题

1. 客户分类的依据是什么？
2. 简述ABC分类的步骤。
3. 简述关键客户的管理。
4. 简述大客户管理的内容。
5. 如何服务物流大客户？
6. 维护大客户关系的关键因素是什么？
7. 简述项目管理的形式和内容。
8. 简述投标书的写作要求。

（三）案例分析题

西游记中的取经团队是一个非常成功的项目团队。为了完成西天取经的任务，组成取经团队，成员有唐僧、孙悟空、猪八戒、沙和尚。其中，唐僧是项目经理，孙悟空是技术核心，猪八戒和沙和尚是普通团员。这个团队的高层领导是观音。

在取经项目实施过程中，除了自己的艰辛劳动外，这个团队非常善于利用外部资源，只要

7 物流客户服务

有问题解决不了，马上向领导汇报，或通过各种关系找来各路神仙帮忙，以解决各种难题。

问题：唐僧、孙悟空、猪八戒、沙和尚在西游记的取经团队中各自的作用是什么？西游记给我们提供了哪些借鉴呢？

二、技能训练

湖北经济学院物流管理实验室物流软件招标，请你为公司撰写投标书。

湖北经济学院物流管理实验室建设项目前期招标工作因招标方经费预算及投标方对招标文件理解不足等几方面原因导致项目流标，现重新向社会公开招标。

实验室软件必须包括仓储管理，同时尽可能在软件仿真中详细表现出不同类型物流运作流程各过程阶段，并具备对物流系统仿真自主化个性设计的功能。此外，必须提供与软件配套的影视资料、课件及各类教学资源。

仓储模块要求如下：

（1）能够表现现代化物流中心的实体场景，能够表现出入库理货区和各种保管区（包括平堆区、托盘货架区、立库区和摘果拣选区、播种拣选区）。

（2）能够以交互形式模拟仓储作业流程和各操作环节，支持入库、出库、补货、拣选（摘果拣选、播种拣选）等作业流程，支持入库理货、入库搬运、入库上架、出库下架、出库搬运、出库理货、补货下架、补货操作、拣选操作等各操作环节。

（3）能够支持多种全面的作业岗位，如入库理货员、出库理货员、搬运工、叉车司机、库管、拣选作业的相关岗位、质检员、客户服务人员等。

（4）能够支持货品、库存的展现与后台数据库的同步。

（5）能够进行实际的仿真模拟操作，能够采用键盘、鼠标、摇杆等输入手段进行模拟的托盘堆码、叉车模拟、拣选等操作。

（6）能够支持场景中的多人同步在线操作，多人协作共同完成作业，如第一个人码好的托盘，第二个人能够看到该托盘并操作叉车将其搬运上架。

（7）能够支持单项练习功能，如码盘操作练习、叉车模拟操作练习、拣选操作练习等。

（8）能够记录和统计操作时间，能够分析和对比不同学生在不同操作环节的时间效率。

（9）能够引入竞争机制，支持实训考核功能，根据系统生成的业务订单，学生各自采用合理的方法进行业务流程操作，系统通过时间和操作规范性来考核和记录，并进行分析和打分。

（10）基于各种作业环境，模拟不同的作业流程，包括基于单据的作业、基于手持RF的作业、基于电子拣选设备的作业和基于自动化立库设备的作业等。

投标商须为在国家工商行政管理部门正式注册的公司或商务企业；具有相应资质及良好的供应和售后服务能力。

有意参与投标的单位需提供如下相关资料：

（1）公司简介。

（2）营业执照复印件（加盖单位公章）。

（3）主要产品的制造商或代理商授权文件。

第七单元　学会客户分类和体验大客户服务

（4）类似项目的业绩证明。

（5）必须具备良好的企业信誉和相关实力技术队伍，企业资质达到三级以上，有类似系统的设计、系统集成、软件开发、系统安装调试的实际工作经验，有足够的技术力量，能独立完成系统安装、调试和维护等工作。

请各投标单位按上述要求，于2014年10月17日上午11时前将相关资料，送达湖北经济学院招标办公室；或联系后将影印件发至邮箱。

联 系 人：李老师

联系电话：26××××76

参 考 文 献

[1] 常莉. 物流企业客户服务[M]. 北京：中国财政经济出版社，2007.
[2] 庄敏. 物流客户服务[M]. 北京：科学出版社，2011.
[3] 郑彬. 物流客户服务[M]. 2版. 北京：高等教育出版社，2010.
[4] 杨穗萍. 物流客户服务[M]. 2版. 北京：机械工业出版社，2010.
[5] 王淑荣. 物流信息技术[M]. 2版. 北京：机械工业出版社，2011.
[6] 吴宪和，任毅沁. 市场营销实验实训教程[M]. 南京：东南大学出版社，2007.
[7] 张慧锋. 客户关系管理实务[M]. 北京：人民邮电出版社，2011.
[8] 李先国，曹献存. 客户服务管理[M]. 2版. 北京：清华大学出版社，2011.
[9] 方玲玉，李琳娜. 客户服务与管理[M]. 北京：电子工业出版社，2011.
[10] 腾宝红. 客服经理365天管理笔记[M]. 广州：广东经济出版社，2012.